U0754422

手机
能做的网上
生意

芙朗 编著

台海出版社

图书在版编目（CIP）数据

手机能做的网上生意 / 芙朗编著. -- 北京：台海
出版社, 2025. 1（2025.5重印）. -- ISBN 978-7-5168-4064-1

Ⅰ. F724.6

中国国家版本馆CIP数据核字第20243K97J9号

手机能做的网上生意

编　著：芙　朗

责任编辑：徐　玥　　　　　　　　　　策划编辑：杨莹莹
封面设计：焱　玖

出版发行：台海出版社
地　　址：北京市东城区景山东街20号　　　　邮政编码：100009
电　　话：010-64041652（发行，邮购）
传　　真：010-84045799（总编室）
网　　址：www.taimeng.org.cn/thcbs/default.htm
E-mail：thcbs@126.com

经　　销：全国各地新华书店
印　　刷：天宇万达印刷有限公司
本书如有破损、缺页、装订错误，请与本社联系调换

开　本：670毫米 × 950毫米　　　　　　　1/16
字　数：120千字　　　　　　　　　　　　印　张：12
版　次：2025年1月第1版　　　　　　　　印　次：2025年5月第2次印刷
书　号：ISBN 978-7-5168-4064-1

定　价：49.80元

版权所有　翻印必究

把空闲时间利用起来

　　你是否曾经在繁忙的生活中怅然若失，感到时间在不经意间就从指间溜走了？你是否也曾经有过想要改变现状，寻找一些能提高生活品质的方法？如果你的答案是肯定的，那么恭喜你，你已经迈出了改变的第一步。

　　胡适说过，一个人的成就大小，往往取决于他怎样有效利用闲暇时间。

　　的确，这世间或许总有许多不公之事，但时间对每个人来说都是公平的。大多数人的一生，最多不过三万天，这三万天里，有的人高效利用时间，最终功成名就；而有的人却无所事事，浪费时间，最终一事无成……

　　现代社会瞬息万变，如果我们仅仅满足于按部就班地生活和工作，那么很可能会在面对突如其来的挑战时手足无措。因此，我们需要在闲暇之余，积极探索、不断积累，以便在机会降临时能够迅速把握，从而更好地应对这个不断变化的世界。

　　知名教育机构的创始人张邦鑫，在大学时期为了缓解家里的经济压力，开始兼职做家教赚生活费。而正是在做兼职的过程中，他积累了丰富的人脉和教学经验，从而创办了学而思。

　　小米的创始人雷军，在大三的时候就靠兼职帮别人写程序赚得了100万元。这也为他后来加入金山公司，并成功创办小米奠定了基础。

学会充分利用自己的空闲时间，不仅能帮我们更快地积累财富，还有可能帮助我们找到未来从业的方向。

如今，我们生活在一个高速发展的信息社会。在这个充满机遇的数字时代，有一份副业，已经是一件很普遍的事情，"斜杠青年"这个名词也已经越来越为人所熟知。

但提到副业，如果你脑中跳出来的还是投资开店、发传单等，说明你已经落伍了！随着网络的发展，做副业的门槛变得越来越低，现在足不出户也可以赚到钱了。那么我们要靠什么渠道赚钱呢？

是的，就是手机！

在当今的时代，手机已经成为人们日常生活中不可或缺的一部分。它不仅是我们与他人沟通、联系的桥梁，还是我们工作、学习和娱乐的得力助手，甚至成为许多人赚取额外收入的便捷工具，为我们的生活带来了更多的可能性。

本书将引领你进入一个全新的领域，在这里，手机将成为你的赚钱利器。通过写作、推广、摄影、接单，甚至开设网店，你会发现赚钱的机会其实就在身边。无论是拼多多、淘宝这样的购物平台，还是小红书、微信这样的社交平台，都提供了参与的机会。

在本书中，你将学习到如何在这些平台上开展团购业务、开设网店，以及如何选择热门商品、管理库存、制定有效的价格策略。此外，本书还将教你如何利用手机推广平台、商品及相关的营销活动，成为一名优秀的推广者，从中获得丰厚的提成，同时提升自身的流量和影响力。书中还提供了一些可靠的接单渠道，让你轻松实现指尖赚钱。

手机赚钱不仅仅是商业领域的机会，更是创作和分享领域的广阔天地。在本书中，我们将讨论如何利用自媒体，如微博、知乎和百家号等，通过内容创作来赚取收入。此外，我们还将探讨文学创作领域，包括短篇小说、长篇小说、剧本杀和短视频剧本等创作变现的方式。当单纯的文本创作无法满足赚钱需求时，我们还可以进行短视频的拍摄创作、尝试直播等。你将发现，创作不仅仅是一种创意表达，还可以成为一项有潜力的副业，我们可以在自己感兴趣的领域中赚取额外的收入。

希望本书介绍的各种方法和技巧，能为你提供一些副业的灵感和指导，帮助你探索自身发展的更多可能。

最后，我想提醒你的是：每个副业在初期可能都不会带来很高的收入，有些副业需要依靠人脉逐渐积累，而有些则需要通过不断积累流量来等待爆发的时机。但无论如何，请你在过程中坚持，不要轻易放弃。毕竟，不积小流，无以成江海。每一分努力都有可能为你带来意想不到的收获。

目　录

第1章

突破：为用手机赚钱做足准备

第2章

推广：利用你的网络人脉获取变现收益

第3章

拍摄：拍摄短视频、开通直播赚钱

第4章

接单：多样化的赚钱渠道

第5章

写作：能把句子写通顺就能挣钱

第6章

开店：不妨开个网店赚钱

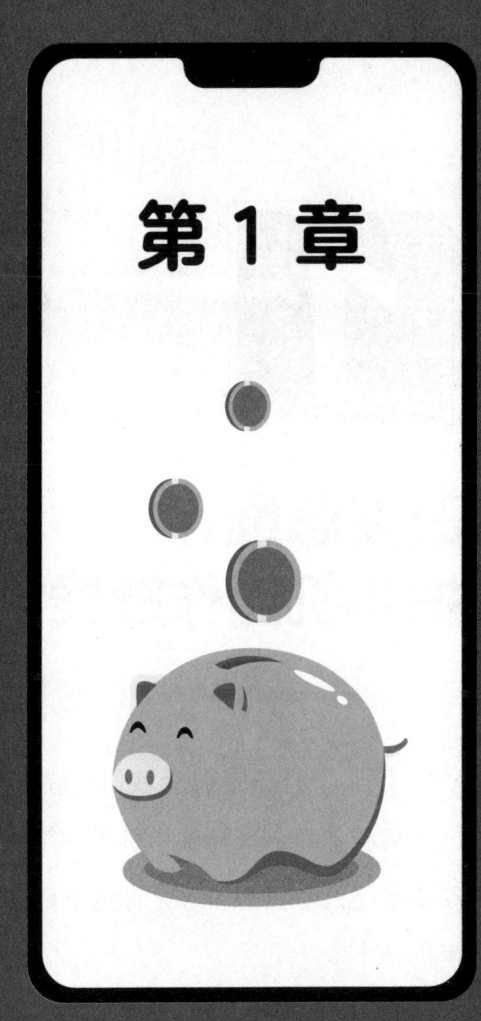

第 1 章

突破：
为用手机赚钱做足准备

1

改变思维，
把手机当作赚钱的工具

手机，现在已经成为我们日常生活中不可或缺的一部分。

每天清晨，伴随着手机闹钟声的响起，你从睡梦中醒来的第一件事是什么？我猜，甚至可能不是睁开眼睛，而是伸手摸索自己的手机。

当然，当我们完全清醒时，手机的重要性更是不言而喻。无论是在床上休息，还是在通勤的路上，我们的目光总是离不开手机。然而，并非所有人都知道，手机除了用于通话和娱乐之外，还可以扮演另一个重要角色——成为我们赚钱的工具。

重新审视手机的潜力

随着科技的不断发展，手机不再仅仅是社交媒体和娱乐载体，更是有着无限潜力的多功能工具。不管你是学生、上班族、自由职业者还是创业者，手机都可以为你提供帮助，成为你实现财务自由的有力助手。

学会利用手机赚钱的方法

除了明确手机的潜力，我们还需要掌握用手机赚钱的方法，可以从以下几个方面入手。

① 确立明确的目标

要让手机成为赚钱的工具，首先你需要明确自己的目标——你希望赚取多少钱？赚钱的目的又是什么？将这些目标记录下来，让它们成为你不断前进的动力。

② 学会利用手机上的各种软件

你是否下载了许多手机软件，但常用的却只有那么几个？有时候，你可能只是没有找到它们的正确打开方式。例如，小红书不仅仅是一个分享平台，它现在甚至被戏称为搜索引擎，你几乎可以在上面找到你想要了解的一切。因此，学会如何有效地使用手机上的各种软件，是想要通过手机赚钱的一节必修课。

③ 寻找赚钱机会

在如今这个网络时代，手机赚钱的机会和方式多种多样，甚至连二手物品交易平台，如闲鱼，都可能成为你找到兼职工作的地方。因此，在寻找赚钱机会时，我们要保持开放的思维，不要局限于传统的渠道和方式。

④ 管理时间

在使用手机兼职赚钱时，我们要学会科学地管理自己的时间，避免无休止地玩游戏、看视频。首先制订一个详细的计划，包括每天或每周要完成的任务和目标。这有助于确保你的时间得到有效利用。此外，还要为自己设定固定的工作时间，例如每天晚上一小时或周末半天。这将有助于你保持专注并避免过度劳累。

你适合用手机做网上生意吗

在这个全民开启副业、争做"斜杠青年"的时代，使用手机进行副业已经成为一种流行趋势。

手机赚钱的门槛低、渠道广，不仅可以增加额外收入，还能提供更多的就业机会。然而，并非每个人都适合用手机从事网络生意。那么，适合利用手机开启副业的人需要具备哪些能力呢？

有创意和创造力

　　成功的人往往具备持续创新的能力，能够开发新的产品或服务来满足市场需求。例如，抖音上非常流行的一款下睫毛印章，实际上是由一位原本经营文具店的老板发明的。他根据网友的建议进行了多轮改进，使得这款印章销量火爆。用手机从事网络生意的人也应该具备这种创新精神，不满足于传统的职业模式，勇于尝试新的商业机会。同时，还需要敏锐地捕捉市场的变化和趋势，快速调整策略，以发现新的商机。

自律且有毅力

　　用手机赚钱的道路上充满了各种诱惑——学习视频看累了，就想刷一会儿娱乐视频；软文不想写了，就想先打两把游戏。时间就这样在不知不觉中悄悄流逝，最终一事无成。因此，用手机从事网络生意的人需要具备极高的自律性，严格管理自己的时间，制定目标和计划，并坚持不懈地执行。

学习能力强

近年来，人工智能的快速发展是有目共睹的，它解放了一批人的生产力，催生了新的职业。同样，手机赚钱的渠道和机会也在不断涌现，这就要求那些想要利用手机发展副业的人始终保持学习的心态，并具备快速学习和适应新技术、新趋势的能力。只有不断提升自己的技能，适应市场的需求，才能保持竞争力。而这种及时抓住风口、学习新事物的能力，往往是成功赚钱的关键。

沟通和社交能力强

在用手机从事网络生意的过程中，由于缺乏面对面的交流，常常会引发一些不必要的误解。因此，我们经常会在网上看到一些买家与客服之间发生的令人哭笑不得的对话。在这种情况下，有效的沟通和社交能力显得尤为重要。

利用手机做生意的人通常能够快速建立良好的人际关系，他们懂得如何有效地传递信息、建立信任和解决问题，同时也能够与潜在客户或合作伙伴保持良好的联系。

有百折不挠的精神

通过手机赚钱的过程或许不会一帆风顺，需要应对各种挑战和困难。因此，你需要具备不怕失败、不怕挫折的精神，愿意不断学习和改进自己的方法。正如许多成功的创业者，在创业初期所面临的资金短缺、技术落后以及市场竞争激烈等多种困难一样，我们也需要勇于面对难题，并努力坚持下去。

需要先了解的各种知识

尽管如今几乎人人都有手机，但很多人对手机的使用仍然局限于通信、娱乐和社交。加之社会新闻中报道的网络诈骗事件层出不穷，导致许多人一听到手机赚钱，就会下意识地认为是一种骗局，不理解为什么通过手机就能赚钱。

使用手机赚钱，实际上就是利用互联网赚钱。在如今的数字化时代，网络已经成为信息传播、商业交易和社交互动的主要平台，人们可以足不出户地通过网络完成交友、娱乐、购物等活动。因此，那些需要在户外奔波的兼职工作已经不再是主流，越来越多的人通过手机上网就能完成一次兼职任务。

但网络兼职也不是毫无门槛的，对于那些对手机上网不熟悉的人而言，还是有一定难度的。

《礼记·中庸》有言："凡事预则立，不预则废。"因此，在探讨如何使用手机赚钱之前，我们还需要先了解一些做网上生意的知识。

互联网的基础知识

首先，我们需要对互联网有一些基础性的了解，包括了解什么是互联网以及它是如何工作的；其次，要了解一些网络安全常识，包括如何保护个人信息、使用安全密码、避免网络诈骗等；此外，对我们用来做兼职的手机软件也要有一定了解，例如：它的开发公司是谁？盈利模式是什么？自己做的工作能否给这些软件带来利益？在做任何事情之前，一定要先问问自己这些问题。如果你对这些问题一无所知，请不要贸然行动，因为这往往会给那些不法分子带来可乘之机。

法律合规和版权意识

互联网不是法外之地，我们也需要了解有关网络的法律法规和各App平台的规则，以免陷入法律纠纷。这包括了解网络版权、个人隐私、消费者权益等方面的法律法规。其中，最需要注意的就是版权问题，随着网络上版权相关法规的逐渐完善，我们在兼职创作中使用的字体、图片、配乐、画面等，很多都是需要作者的授权的，未经授权就使用，很可能会面临版权方的索赔。某网站上就有一些知名UP主因为在视频中使用了未经授权的字体，面临高额的赔偿。

电子商务和在线支付

如果你计划在手机上开展商业活动，那么了解电子商务和在线支付是不可或缺的。这包括学习如何处理在线支付、确保交易安全，还要深入了解各种支付系统的利弊。一般来说，我们常用的支付平台有阿里巴巴旗下的支付宝平台、腾讯旗下的微信支付、各大银行App的转账等。随着科技的不断发展，支付方式也变得越来越多元化，以支付宝为例，除了我们熟知的扫码支付外，现在也有了指纹支付、面部识别支付、智能手表支付、NFC支付、掌纹支付等。

自媒体内容创作和营销

利用手机赚钱通常与自媒体紧密相连，自媒体已成为个人和企业塑造品牌形象、推广产品的核心工具。为了在自媒体领域取得成功，深入了解各媒体平台的特性、用户行为、推广技巧以及如何制作引人入胜的内容至关重要。当前主流的自媒体创作平台包括抖音、快手、小红书、微博、知乎和微信公众号等。通过在这些平台上同步发布内容，我们可以有效地构建个人品牌并实现盈利目标。

技术趋势和未来发展

在互联网时代，变化日新月异，因此我们需要主动关注当前和未来的技术趋势，如人工智能、区块链、虚拟现实等。2023年，ChatGPT（美国人工智能研究公司OpenAI研发的一款人工智能语言处理工具）和Midjourney（美国人工智能图像生成器公司Midjourney研发的人工智能绘画工具）等应用逐渐为人所知，国内也涌现出多款AI软件。AI在取代部分生产力的同时，也为网络赚钱创造了新的机遇。越早掌握这些前沿技术，就越有可能率先抓住获取财富的机会。

4

看准时机，眼到、口到、行动到

成功往往离不开人们对时机的敏锐洞察和果断行动。在用手机赚钱上也是如此，不同的行业、市场和产品都有其独特的发展周期，而那些能够精准把握时机、迅速做出决策并付诸实践的人，往往是最终的成功者。

时机的重要性

不论是大公司做交易，还是个体户做生意，时机都是商业成功的关键之一。一个好的创意如果放在错误的时间推出，可能会错失市场。例如数字货币、虚拟现实设备、智能手表等创业理念，其实很早之前就已被人提出，但由于过于超前，技术无法实现而宣告失败。因此，学会识别时机的重要性不言而喻。时机不仅仅是产品或服务的推出时机，还包括市场趋势、消费者需求、竞争态势等方面。

市场调研和趋势分析

想要抓住时机，充分的市场调研和趋势分析是不可或缺的步骤。了解目标市场的规模、结构、消费者需求以及行业的发展趋势，有助于我们准确地定位自己的方向，找到切入点，避免盲目投入。对于大公司而言，他们需要了解竞争对手的动向。而对于使用手机赚钱的我们来讲，竞争对手的概念会弱一些，更多的是复制别人的成功经验。因此，我们可以通过对"前辈"的创作思路、营销策略、用户反馈等方面进行分析，找到自己的定位和差异化优势，他们的成功和失败对我们而言，都是宝贵的经验。

整合现有资源及个人技能

除了对于市场的分析外，我们还需要考虑现有资源和个人技能。现在，你就可以开始审视自己的资源和社交网络，包括人脉、技能、设备、时间等。充分利用已有的资源，可以在开始时减少成本，提高效率。同时，在后续的各类赚钱方式中，我们也应选择自己擅长的领域。比如你喜欢聊天，就可以尝试直播；你很会筛选低价优质的商品，就可以尝试开网店。这样不仅可以提高我们的工作效率，还能让自己在副业中找到乐趣、获得成就感。

制订灵活的计划并坚决执行

看准时机后，我们还需要制订明确的计划。这包括目标的设定、具体的执行步骤、时间表等。明确的计划可以帮助你更有条理地开展工作，提高工作效率。同时，我们也应该具备灵活变通的能力。变化是常态，能够及时调整策略、顺势而为将是你成功的关键。当然，最关键的一环是付诸实际行动。即使你拥有再好的计划，如果不能迅速、果断地执行，也很难抓住市场。行动力和执行力是将时机转化为商机的桥梁。

敢于尝试，不畏失败

在进行实际的操作之前，我们需要知道的事情就是——我不一定能赚到钱。在用手机赚钱的过程中，失败是不可避免的，但是，敢于尝试、不畏失败是成功者的共同特征。我们要从失败中不断吸取经验教训，调整策略，再次出发，才能最终获得成功。

心态要稳，不要妄想一夜暴富

在利用手机赚钱的过程中，保持平稳的心态至关重要。许多人怀揣着一夜暴富的梦想，期望自己能够一举成名，拥有千万级流量，店铺生意火爆，日销售额高达数万元。

然而，成功并非易如反掌，它需要长时间的积累，更需要坚定的信念和平稳的心态。许多如今赚得盆满钵满的人，在创业初期也曾历经磨难，正是通过不懈的努力和积累，才迎来了如今的辉煌。

建立合理的预期

首先，我们要理性看待用手机赚钱的结果，设立一个合理的预期。在各类手机赚钱的副业中，很少有人能一夜暴富，即使存在，也是长期积累了大量流量才有可能实现。因此，我们需要设定合理的目标，比如今天赚5元、明天赚10元……抓住身边每一个赚钱的小机会，把大目标分解成小目标，逐步实现，避免不切实际的妄想和期望。

注重长期规划

长期的规划是保持心态稳定的关键。千万不要被短期的波动所左右，而是要注重整体发展，把目光放得更长远。用手机赚钱的副业也需要长期的发展规划，比如需要学习哪些内容？何时开始学习？学习后该在哪些平台开展实践？如果失败了，下一个尝试的方向是什么？只有当你心里有了这样的长期规划，在面对短期的变化时，才能做到心里有底气，丝毫不慌。

学会排解压力，保持积极乐观

在用手机赚钱的过程中，我们也难免会面临各种压力和挑战。比如做自媒体时，难免会被评论区的一些消极的言论影响，产生消极的情绪。我们需要学会正确地排解压力，不要让情绪左右自己的决策。最重要的是要保持积极乐观的心态，无论遇到什么困难和挑战，都要保持乐观，相信自己的能力，也相信付出总会有回报。

避免盲目跟风

在各种网络媒体上，我们可以看到很多关于赚钱的"秘籍"和

"神器"。然而，其中一些可能涉及高风险的短期炒作，例如曾经风靡一时的NFT数字藏品，如今已逐渐淡出人们的视线。因此，我们要避免盲目跟风，理性评估各种赚钱方式的可行性，切勿轻信过于诱人的承诺。

6

网上常有"坑"，注意不要踩

尽管互联网为我们带来了诸多机遇，但网络空间同样充斥着欺诈和不法行为。许多诈骗分子利用人们迫切赚钱的欲望，巧言令色，诱使他人落入陷阱。

诸如"会打字就能赚钱！""7天学会×××，宝妈轻松月入过万！"等诱人的言辞，再配以高额收入的收款记录截图，是否让你感到似曾相识？若在朋友圈遇到此类信息，建议立即将其屏蔽，因为这很可能是一个"割韭菜"的项目。一旦你为之动心，对方便会要求你进行支付学费、加入群组并发送文件等一系列操作，最终你可能连最初的报名费都无法收回，甚至可能陷入不断交钱的连环诈骗陷阱。

网络上常见的诈骗陷阱

那么跟手机赚钱相关的网络诈骗都有哪些呢？了解以下这些常见的陷阱，或许对你日后避坑有所帮助。

①虚假的赚钱项目

许多虚假的赚钱项目声称可以轻松获得高额回报，但实际上只是为了骗取个人信息或者收取费用，也可能是传销或庞氏骗局。因此在参与任何项目之前，务必保持谨慎，进行充分的调查和了解，不要贪图一时的利益而忽略风险。

②虚构的网络招聘

虚构的网络招聘常常以高薪职位为诱饵，骗取求职者的个人信息或者收取所谓的培训费用。在应聘时，要通过正规招聘渠道与正规企业直接联系；在选择培训课程时，要选择正规机构，并且提前在网上了解课程内容和师资情况，避免受骗。

③不透明的交易平台

在一些不透明的交易平台上，存在价格操纵、信息不对称等问题，投资者很容易遭受损失。近几年网上经常曝光的"杀猪盘"就是在前期进行情感交流铺垫后，将受害者引导至一些不透明、不正规的证券交易平台进行诈骗。如果我们需要进行证券交易，一定要选择有监管资质、信息透明度高的平台，提高交易的安全性。

避免踩"坑"的建议

面对以上这些常见的诈骗陷阱，我们该如何应对呢？以下是几点建议。

①谨慎对待高回报承诺

如果某个项目声称可以轻松获取高额回报，要保持谨慎，避免贪图一时的利益而忽略风险。

②验证平台的合法性

在参与任何项目之前，我们都要先验证平台的合法性和监管情况，选择有信誉的平台进行操作。

③警惕虚构信息

警惕虚构的招聘、投资、推广等信息，不轻信任何承诺和广告。

④保护个人信息

在网络上保护好自己的个人信息，不轻易泄露，以免被人用于非法活动。

⑤学会识别诈骗手段

学会识别常见的网络诈骗手段，提高防范意识。当然最有效的是下载国家反诈中心App。

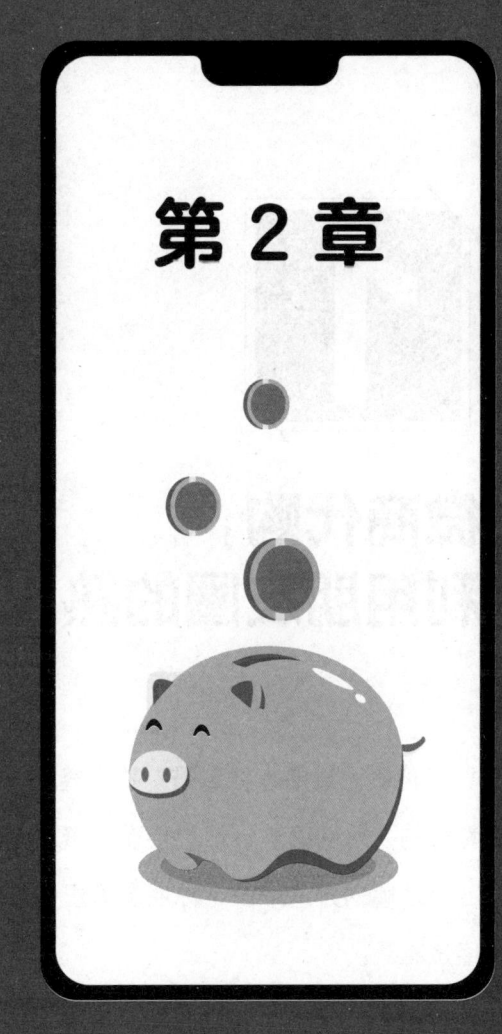

第 2 章

推广：

利用你的网络人脉获取变现收益

微商代购，
利用朋友圈的熟人经济

你听说过熟人经济吗？熟人经济，是指在商业交往中，利用个人熟悉的关系网络进行信息传递、资源分享和交易的经济活动。换种更容易理解的方式来说，你朋友圈里的那些微商代购，就是在利用熟人经济赚钱。

微商代购，是一种在朋友圈进行的小规模代购、销售模式，它通过朋友圈这个社交平台，实现商品的推广和销售。而在这个过程中，熟人经济无疑发挥着关键的作用，因为朋友圈的社交属性让交易更容易建立在信任和熟悉的基础之上。

因此，我们为何不利用熟人经济来赚钱呢？朋友圈作为一个社交平台，实际上蕴藏着丰富的商机。在这里，你不仅可以分享个人生活点滴，还可以通过微商代购的方式，将商品推广至你的熟人圈子。每一个朋友都是你的潜在顾客，因为在朋友圈中，关系更为亲密，信任感更强。但是在这个过程中，我们也要注意方法得当，不然可能会引起朋友反感，导致被朋友屏蔽。

寻找目标用户，打造个人形象

在利用朋友圈推广商品的过程中，了解朋友的职业、兴趣和需求是至关重要的。通过分类整理，你可以更有针对性地推销商品。例如，有些朋友可能更关注保养品，有些可能更关心母婴用品，有些可能对时尚潮流感兴趣。因此，在推广产品时，可以根据朋友的身份定位，提供更有针对性的商品信息。

同时，我们也应在朋友圈用心打造自己的个人形象，在朋友圈展示真实自我的同时，也要注意传递一种可靠的信息。试想，如果你朋友圈里有两位售卖化妆品的微商，一位每天发你关心的美妆技巧、潮流穿搭；另一位则每天素面朝天、着装老气，你会选择谁来购买商品就不言而喻了。

选品和销售技巧

想要成功销售商品，其质量和品质才是关键。因此，我们需要选择优质的产品和可靠的货源，避免因贪图便宜而购买到假冒伪劣商品，从而损害自己的声誉。特别是在熟人经济的市场环境下，人们可能会将对产品的不满转化为对你人品的质疑。熟人经济是一把双刃剑，在我们利用信任感进行销售时，也应时刻注意维护这份信任感。

除了产品品质外，另一点要注意的就是追热点了，根据市场需求和朋友的兴趣，选择热门的商品，更有利于出单。例如，如果销售日用品，可以根据季节变化调整商品种类。夏天可以销售风扇、遮阳用品等消暑产品；而冬天则可以推出暖宝宝、养生壶等保暖用品。

在我们发布推广前，也要注意仔细琢磨文案，如果太过常规，可能就会被人直接刷走而忽略掉，这里推荐几种微信朋友圈的文案。

①"晒单"

最简单直接的推广文案，就是晒出你跟客户的聊天记录或客户的好评截图，没有什么比这更有说服力，但是要注意保护好客户隐私，将对方的信息打码或者修图剪裁。

②有趣的内容

我们可以利用一些有趣、引人入胜的内容吸引朋友的注意，可以追逐热点，然后把内容引到"找我购买××"上。

③优惠活动

发布一些限时优惠、团购活动、买赠活动等信息，激发朋友的购买欲望。

其实这些方法不仅可以用在做微商代购上，只要是做推广，都可以试着套用。而销售的渠道不仅限于朋友圈，包括QQ、微博、闲鱼等平台，都可以尝试分享。

淘宝联盟，
让你既能省钱又能赚钱

如果你是网购达人，想必对于"返利"这个词一定不陌生。"返利"其实就是利用自己的网络人脉，帮助商家推广商品，别人点击你的链接购买了商品，商家就会按照约定好的返点比例给你返利。打个比方，一个商品的售价是100元，返点比例是5%，如果你将这个商品链接发送给朋友，你的朋友付款后，你就可以获得5元的收益。

为了帮助你推广，很多商家设置了专属券，就是你的朋友点击你的链接后，可以获得专属的优惠券进行购物。这样朋友省了钱，你也赚到了返利，实现了双赢。值得一提的是，这种返利也可以自己使用，这样就相当于你购物时直接享受折扣，也是一个省钱的好办法。

返利App有很多，但是很多非官方的App存在"跑路"的风险，毕竟涉及金钱来往，我们要慎重选择。因此，我主要推荐的App是淘宝联盟，这是阿里巴巴推出的返利软件，可以使用你的淘宝账号登录，既方便，又安全。接下来，我们就以淘宝联盟为例，了解一下使用方法。

如何通过淘宝联盟App赚取返利

首先，我们直接在手机自带的应用商城里搜索"淘宝联盟"，使用你的淘宝账号和支付宝账号登录即可。使用淘宝账号登录的好处就是，你在淘宝里收藏的物品，可以直接在这里查看是否有优惠券及返利，不用在不同的App页面来回切换。

在淘宝联盟App首页点击"我的—收藏夹—淘宝收藏夹"（如图2-1），即可开始赚取购物返利，点击该商品右下角的"赚¥××元"，就可以获得分享链接。如果是自己购物，复制链接后返回淘宝App，就可以自动跳转到该商品了；如果是推广商品，淘宝联盟App也提供了文案及配图，可以按需选择使用。等自己或客户完成付款后，返利就会存入你的淘宝联盟App账户中了。

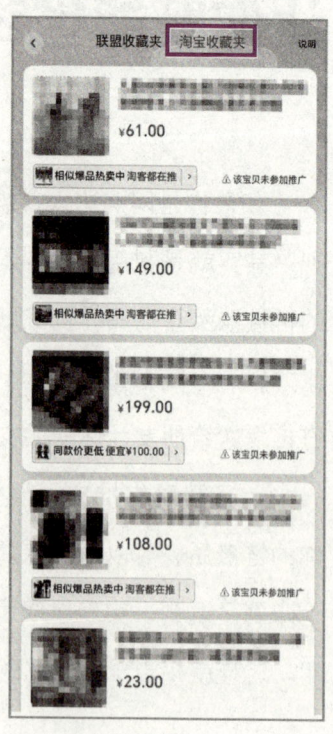

图2-1

获取更多购物返利的技巧

我们可以在淘宝联盟的"实时榜单"中选择一些热门、折扣力度大的商品，这些商品是时下比较火的产品，可以提高他人点击和购买的可能性。在淘宝联盟App首页点击"榜单"，即可进入"实时榜单"页面（如图2-2）。

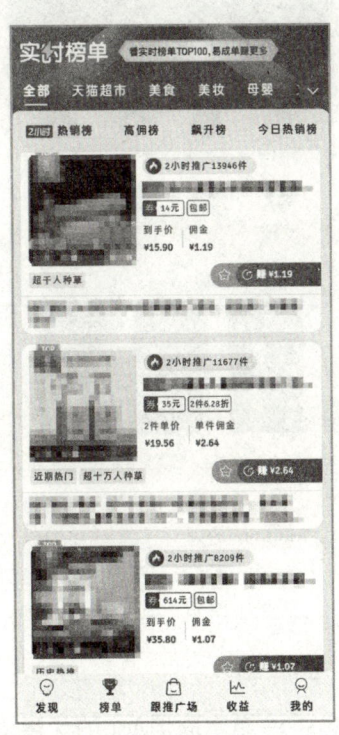

图2-2

除了个人的微信朋友圈，也可以探索更多社交媒体，尝试做一个发券博主，通过多种途径分享你的推广链接，扩大收益来源。

淘宝联盟App为每一位淘宝客都配备了营销素材库，可以让你更便捷地获取分享的文案及图片进行推广，不必为分享商品时用什么图文而苦恼。在淘宝联盟App首页点击"我的—营销素材库"，即可进入"营销素材库"页面（如图2-3）。

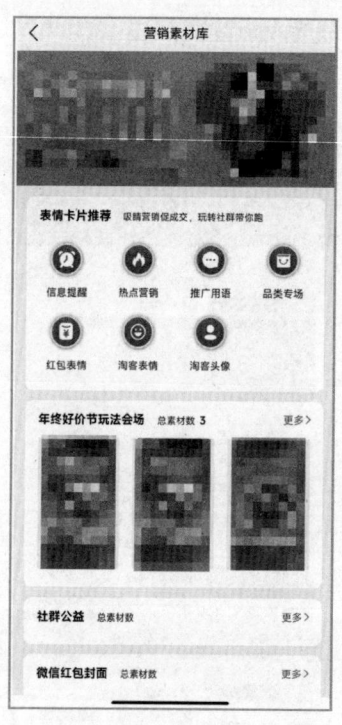

图2-3

最后，我们要多多关注淘宝联盟App的优惠活动。在"618""双十一"等购物节时期，淘宝联盟App也会开展相应的优惠活动，抓住促销时机，有助于增加自己的返利收益。

3

快团团，拼多多旗下团购平台

或许你见过别人在微信群里发快团团的团购，那快团团是什么呢？怎样通过快团团挣钱呢？快团团是拼多多旗下基于社交媒体的团购工具，它提供了一个便捷的渠道，让卖家可以通过分享链接来销售商品。

对于没有经验的新手来说，利用快团团进行销售也是可行的。快团团提供了一系列的培训和指导资源，帮助新手了解平台的规则和销售技巧。新手可以逐渐积累经验并提升自己的销售能力。总体来说，快团团是一个低门槛、低成本的赚钱项目，能让人更高效地利用私域流量获取销售收益，适合没有经验的新手尝试。

虽然快团团的销售模式相对简单，但要想取得好的销售成绩，仍要选择迎合消费者需求的商品，并通过有效的推广手段吸引潜在消费者的关注。

如何开启快团团团购之旅

首先我们在微信中搜索"快团团"小程序，授权登录后，点击下方"一键开团"，页面跳转至选择"我是新手，体验开团"或"我有经验，自己开团"（如图2-4）。

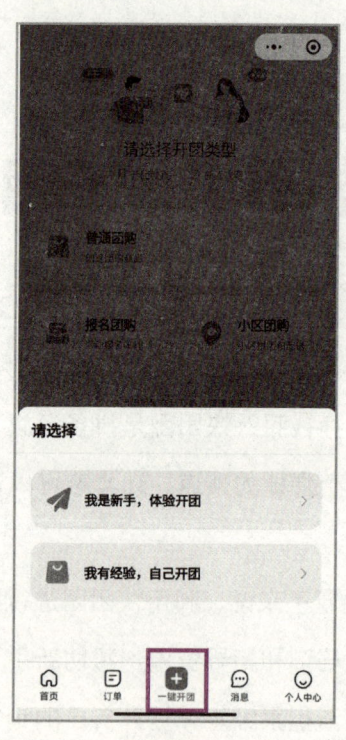

图2-4

接下来，我们选择"我是新手，体验开团"，小程序会为新手团长提供以下开团引导教程。

①团购介绍

填写标题和产品介绍，清晰且利益点明确的文案更能吸引人，例如"产地直销水蜜桃，热销款5斤装，每月销售1000单。"

②团购产品信息

填写产品信息和价格，完整的产品描述和真实的产品实拍可以帮助用户快速判断和决策。

③团购设置

填写物流方式、团购时间，此时的优惠设置非常关键。

④发布团购

信息核对无误后，就可以一键发起团购，成为团长。

快团团的收益结算机制

熟悉了快团团的开团流程后，还有一个大家比较关心的问题就是：货款或佣金多久可以到账呢？其实这个要分情况来看。如果是直接作为开团团长进行货物的售卖，那么在顾客支付后，货款即刻到账，可随时提现。但快团团还有另一个模式，也就是帮卖团长。每个开团的人一般都有一定的社群基础，但对于寻找货源可能并不擅长，因此在初期你也可以找到一些头部的大团长，申请帮他们卖货。这种情况下，你的收益结算机制由你的上级团长设置的结款方式决定，一般是下面这两种模式。

实时结款：随每单销售，佣金立即到账，可随时提现。

手动结款：需要上级团长手动完成确认，再结算佣金。

快团团不自带流量，团长上架商品后如果不进行推广，是无法转化为销量的。快团团商家可以通过私域流量来形成商品买卖关系，团长一键开启团购或帮助其他团长销售，分享商品链接到私域流量池中，吸引新老客户购买。

　　快团团无须入驻的特点，也是它和其他平台的不同之处。作为团购工具，团长只需授权微信信息，即可全权制定开团的活动及规则。建议新手从帮卖团长做起，积累客户资源，慢慢成为成熟的团长。

美团圈圈，特价分销平台

当我们在抖音上浏览时，经常会看到各种本地美食的优惠团购信息。比如，某家烤肉店的双人套餐原价为228元，而在抖音上的团购价仅需138元。这种低价团购活动对专注于提供本地吃喝玩乐服务的美团产生了一定的影响，使得美团的市场份额受到了挑战。为了应对这一竞争压力，美团迅速推出了新的应用程序——美团圈圈。

大多数消费者仅意识到，自己能从中得到最大的好处就是以更低的价格享受更多的美食和服务。但其实，人们还可以通过推广这些团购活动获得一定的佣金收入。因此，美团圈圈的推出不仅为消费者带来了更多选择，也为那些希望通过分享和推广来赚取佣金的人提供了一个新的平台。

美团圈圈是什么

美团圈圈是美团旗下高折扣生活优惠分享平台，可以将其视为美团的特价促销版。正如官方给出的广告语："我们附近从来不缺少美食，只是缺少发现。"通过美团圈圈的微信小程序，用户可以轻松发掘各式各样的美食优惠活动，无论是自助餐、西餐、火锅，还是甜品、奶茶，应有尽有。

如何使用美团圈圈变现

目前美团圈圈采用邀请制，通过达人邀请才能入驻，成为体验达人（如图2-5），分享商品给用户（如图2-6），并直卖一单。体验期内需要完成的任务，才能享受正式达人身份和权益。但请注意：下单用户不能是自己/体验达人/达人，可以分享给属于消费者身份的朋友或家人。

浏览商品列表，进入想要分享的商品的详情页，点击"保存图片"即可保存商品海报；也可以"一键保存全部"，除了海报还能保存更多照片，便于发微信朋友圈；还可以点击"分享好友"，将小程序直接分享给微信好友和微信群。其他人通过你分享的链接下单后，达人账户即可获得相应的成交佣金。

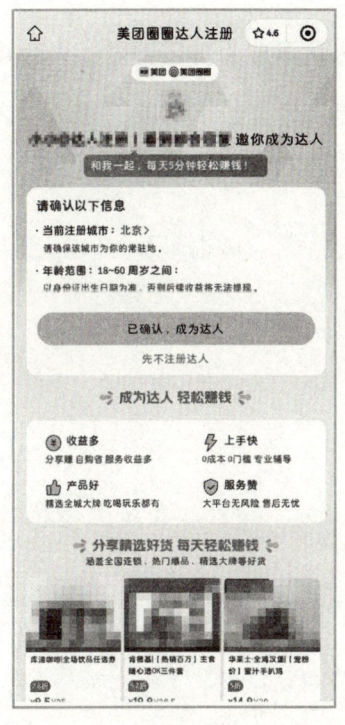

图2-5

图2-6

其他变现玩法

使用抖音、小红书等分享福利消息，发布符合平台定位和用户喜好的短视频或日志笔记，在全网范围内将商品推广至大部分本地生活类平台。

扩大私域流量池。在微信社群、朋友圈及提供本地生活服务的平台，成立团队并附上自己的达人邀请码。在不违背平台交易规则的前提下，闲鱼也是一个不错的分享平台。如果有自己运营的微信公众号，也可以在微信公众号中嵌入广告，将新的流量资源引流至微信群，虽然周期较长，但也是一种方法。

　　引流后不要忘了拉新。邀请新人注册成为美团圈圈达人后并完成第一笔订单，即可视为成功拉新。建议分享价格低廉的商品，这样能让拉新的成功率更高。

5

抖音团购达人，1000个粉丝即可做

　　抖音和美团等平台之间的市场份额竞争愈演愈烈，这为想要利用手机赚钱的人提供了一个绝佳的机会。就像多年前的快的打车和滴滴打车之间的"烧钱大战"一样，大公司之间的激烈竞争将为消费者带来一定的实惠。

　　抖音团购的产生，标志着抖音开始进军本地生活领域，同时也催生了新的职业群体——抖音团购达人。抖音团购达人为抖音达人提供了一种新的变现途径，同时也为商家带来了更多的曝光机会。通俗地说，商家通过佣金，雇用达人吸引流量人群消费。这种互利共赢的合作模式，在抖音平台上越来越受欢迎。那么如何成为抖音团购达人，赚取佣金呢？

抖音团购达人的开通条件及步骤

①开通条件

粉丝量：个人抖音账号的粉丝量≥1000人。

实名认证：需要完成实名认证，且年龄≥18岁。

②开通步骤

如果你的粉丝量暂时不足1000人的话，可以通过多发布作品来积累粉丝，或是找亲朋好友帮忙互相关注。至于实名认证这个条件的达成就比较简单了，我们首先打开抖音App，点击页面右下角的"我"，然后点击右上角三条杠的图标，再点击"设置"（如图2-7）。

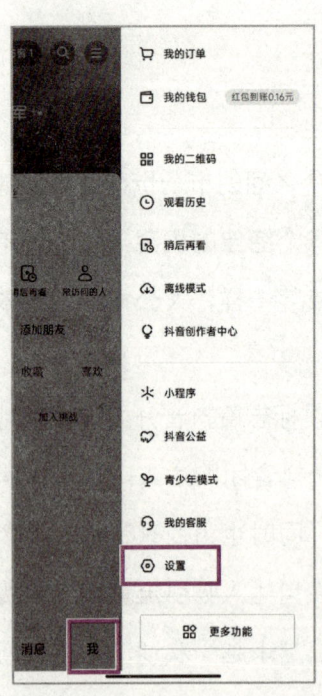

图2-7

进入"设置"页面后，点击"账号与安全"，进入"账号与安全"页面，然后点击"实名认证"，（如图2-8和2-9），按照提示完成实名认证即可。

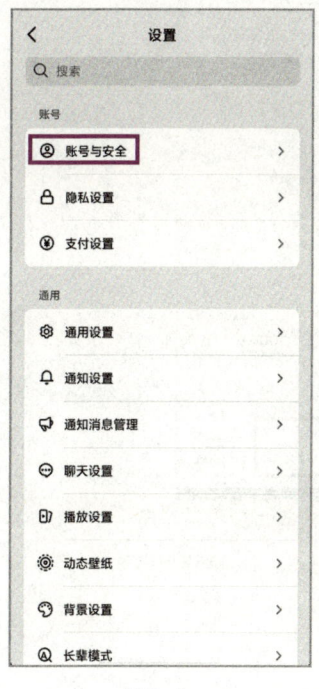

图2-8

图2-9

当满足上述两个条件后，我们可以直接在抖音App中搜索"团购达人"，找到相关申请入口，即可进入图2-10的页面，点击下方的"申请团购带货"，按提示进行操作就可以完成开通了。

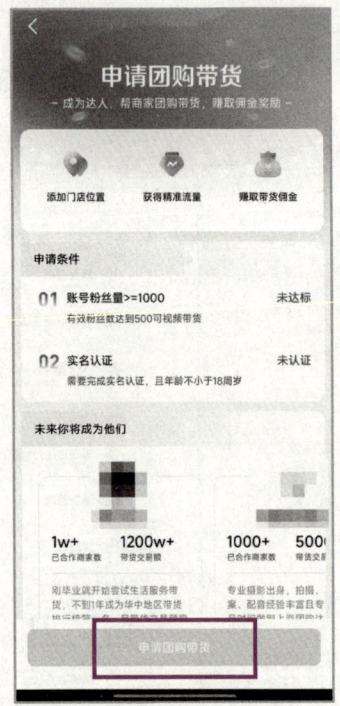

图2-10

抖音团购达人变现方式

抖音团购达人的变现方式有很多，大概分为以下三类。

①推广商品或服务

前期需了解商家的推广要求，在视频中重点展示商品优势、价格优惠力度等，吸引用户下单，从而获得佣金或提成。

②建立个人品牌

持续发布优质内容，吸引更多的粉丝关注，建立影响力后可以主动寻求品牌合作代言，获取更高比例的佣金。

③提供付费服务

积攒了大量流量的团购达人可以根据自身技能为粉丝提供付费咨询、培训或指导等服务，或推荐自己的带货产品增加小店销量，例如，健身达人可以提供线上健身课程，美妆达人可以推荐美妆产品等。

如何成为优秀的抖音团购达人

在竞争激烈的城市环境中，要想成为一名成功的抖音团购达人，必须具备吸引粉丝的能力，才能在众多竞争者中脱颖而出。

首先，要保持账号的风格一致性，可以使用一些固定的台词作为视频的开场白或结束语，以增强观众的印象。

其次，视频是展示达人的主要方式，精通视频剪辑、背景音乐选取和滤镜运用等技能尤为重要，这样才能创作出既有吸引力又能实现高转化的视频作品。推荐美食的视频主要分为两种：图片轮播类和实景画面类。剪辑实景画面类视频时，可以挑选几个生动的镜头重点美化。例如，从不同角度拍摄的菜品、店内热闹的场景，以及达人品尝美食的画面。同时，可以适当添加过渡效果和背景音乐，使视频更具动感和吸引力。

最后，团购达人还需要积极与粉丝互动，回复评论和私信，与粉丝建立良好的互动关系。保持对行业的敏感度和专业水平，这样才能成为一名优秀的抖音团购达人。

爱奇艺i联盟，
卖影视会员也有收益

　　影视娱乐是人们生活中不可或缺的一部分。随着版权相关法律的发展和普及，大多数电视剧、电影、综艺、动漫等已经不能免费观看，需要开通各影视平台的VIP会员才可以观看。因此，也催生了一个新的市场——售卖影视会员。

　　想要靠售卖影视会员获得收益，有两种方式。一是卖积分兑换的激活码。查看各银行App、支付宝App里的积分兑换或者会员福利页面，通常有影视会员兑换福利，可以将兑换后取得的激活码卖出去；二是选择官方的平台。各影视平台有自己的官方推广渠道，例如爱奇艺有i联盟。

如何加入爱奇艺i联盟

　　爱奇艺i联盟是爱奇艺旗下的官方推广平台，通过爱奇艺i联盟，你可以成为爱奇艺的合作伙伴，推广爱奇艺的会员服务。登录方式也很简单，只需要在微信中搜索"爱奇艺i联盟"小程序，你就可以找到这个平台（如图2-11）。

图2-11

　　进入"i联盟"首页后，点击"我的"（如图2-12），使用自己的账号登录，然后点击"加盟"，就可以卖卡赚钱了。

图2-12

如何卖爱奇艺会员并赚取收益

　　要成为爱奇艺i联盟的合作伙伴，首先需要熟悉爱奇艺会员的各项权益，如高清播放、独家内容和无广告等。然后，我们可以制定具有针对性的推广策略，通过社交媒体、短视频等渠道，向潜在用户推荐爱奇艺会员服务。同时，不要忽视熟人经济的力量。

　　使用爱奇艺i联盟小程序生成个性化推广链接，如果用户通过你的链接购买了会员，你将获得相应的佣金收益，然后可以根据爱奇艺i联盟的规则进行提现。务必确保用户是通过你的链接购买会员服务的，否则将无法获得收益。

　　前期为了打开市场，可以用自己赚取的部分收益补贴用户，让用户感觉在你这里下单，不仅比官方便宜，还会有额外的返利可拿。久而久之，就会建立长期的合作关系。也可以做一些推广裂变类的活动，比如老用户推荐几个好友找你购买，则多给老用户返利或者直接赠送会员等。售卖影视会员无须囤货，没有压货的风险，也就等于没有赔钱的风险。

得物，发布"种草"视频带货

得物App是一个专注于潮流时尚的社交电商平台，它能迅速捕捉并反映时尚界的新动态。当谈到在得物上赚钱时，许多人首先想到的可能是通过其他平台低价抢购限量版商品，然后再将其高价卖给得物App的用户来赚取差价。实际上，在得物App上通过发布"种草"视频来分享好物也是一种变现的方式，并且不需要你出资在平台上购买商品，你可以分享你现在手上有的任何一样商品。概括来说，得物是一个好物推荐类的软件，用户可以通过发布图文或视频来获得收益，OOTD[①]、搭配推荐、开箱、测评类的内容长盛不衰。

---

① 英文"Outfit of the Day"的缩写，意思是今天的穿搭。

如何成为达人，赚"种草"赏金和视频播放收益

首先，在手机应用商城里下载得物App。在登录注册后，进入"创作中心"（如图2-13），注意不要申请个人商家或品牌商家，因为我们要拿的是"种草"赏金，所以不需要成为商家。

图2-13

接下来，我们要完成任务辅助账号升级，想要开通可获取收益的账号权益，前提是账号需要达到一定的创作等级，可以根据创作中心的提示操作，发布一个视频即可达到V1等级。后续根据系统分配成长任务，将账号升级至V2等级，即可自动开通"'种草'赏金"功能

（如图2-14）。"种草"赏金计划无须报名，"种草"动态在周期内促成交易就可以获得对应的赏金了。

图2-14

如何拍摄"种草"视频

了解了得物的赚钱机制，我们就可以开始创作了。首先，选择适合自己的类目，之后再结合自己的优势进行创作。比如：穿搭时髦的人，可以做穿搭类的好物推荐账号；掌握"换头术"的人，就可以做美妆好物推荐账号。得物创作需要符合平台的创作属性，比如球鞋、穿搭时尚、美妆护肤、运动健身、数码潮玩等都是平台推荐的类目。

选择自己合适的方式拍摄，好好经营自己的账号，也能成为独一无二的带货王。下面我列举几种有益于"种草"视频拍摄的要素。

①商品展示

短视频可以重点展示产品的细节，让用户对商品特点一目了然，还可以展示真实用户使用产品的效果、感受和好评。突出商品优势，吸引观众目光，使其产生购买冲动。无论是衣服、球鞋还是化妆品，都可以这样展示。

②在剧情中植入商品

编写有趣的故事脚本，可以适度蹭一蹭当下热点来拍摄短剧，让观众欲罢不能，看了一集还想看下一集。每段出色的剧情都需要从文案、脚本、拍摄和后期制作等方面进行精心打磨。在精彩的剧情中巧妙地植入商品，让观众感觉自然而不突兀，自然地接受商品。

③商品测评

普通人不会把类似的球鞋都买回家，这时需要"种草"博主来公开、公正地拍摄商品测评视频，详细对比后给出购买建议。这类测评需要博主具备一定的鉴别能力，对商品持公正态度，并真实地分享测评结果。积累一定的流量后，可以与品牌方适度合作来降低测评者的投入成本。

第 3 章

拍摄：

拍摄短视频、开通直播赚钱

在抖音上发布视频和开启直播

　　抖音是一个短视频社交平台。在这个平台上，用户可以通过直播、拍摄、上传和观看视频的方式，与他人分享自己的日常生活、展示个人才艺以及享受各种娱乐等内容。抖音凭借其独特的内容呈现方式和丰富的创意效果，积累了庞大的用户群体，产生了深远的影响。如今，抖音已成为众多年轻人进行娱乐和表达自我的首选社交平台，同时也孕育出一批备受追捧的网络红人。那我们该如何搭上这班顺风车，开启拍视频、直播之旅呢？

如何在抖音拍摄、发布视频

首先，抖音提供了简便好用的视频拍摄和编辑工具，用户可以用手机拍摄短视频，然后进行创意编辑，通过添加音乐、滤镜、特效等，制作各种有趣、富有创意的视频内容。我们先打开抖音，会看到下方导航栏内有5个选项，我们选择中间的"+"号按钮（如图3-1），即可打开录制视频的页面，进行拍照、录视频、发表文字。

图3-1

其中，视频拍摄有很多种方式，抖音官方提供了几种（如图3-2）。

图3-2

①AI创作

此模式能将照片或视频制作成抖音官方提供的AI特效。可以直接"拍同款"；也可以点击"创建效果"，按照自己的喜好选择画风，自定义画面的关键词。

②分段拍

有15秒、60秒以及3分钟的时长可选。拍摄完成后，会提供很多种效果的滤镜，任意选择适合自己的视频效果。

③快拍

选择"视频"可以录视频。快拍的视频模式只能拍摄15秒的视频。拍摄完毕后点击页面上方的"选择音乐"可添加背景音乐。

④模板

即抖音官方提供视频模板，只需要选择自己喜欢的模板，点击"剪同款"，换图片或视频，即可生成视频。如果没有适合自己的模板，还可以点击"一键成片"，选择图片或照片，系统将自动匹配生成制作好的视频。

如何在抖音开启直播

抖音除了拥有发布短视频功能，还拥有直播功能。用户通过直播，可以向观众展示自己的才华，实时地与粉丝进行互动，吸引更多的用户关注并成为粉丝。

在抖音开启直播有以下两种方式。

首先我们打开抖音，点击下方"+"号按钮，再点击右下方的"开直播"（如图3-3），就可以进入直播的准备页面了。

我们还可以在首页的导航栏中选择"我"，然后再点击右上角三条杠的图标，展开之后点击"抖音创作者中心（如图3-4）—开始直播"即可进入直播准备页面。

图3-3

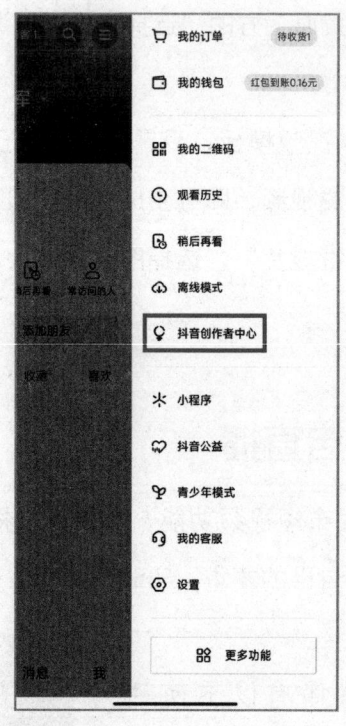

图3-4

　　我们会看到直播准备页面有四种类型：视频、语音、手游、电脑。视频直播就是直接进行个人才艺展示的直播，开始直播之后可以用唱歌、舞蹈、搞笑等方式展示自己的才艺；语音直播就是和别人聊天；手游直播顾名思义，就是观众会实时看到你手机上的游戏或其他应用的画面；电脑直播是通过在电脑上下载安装抖音直播伴侣后，使用电脑开启直播。

　　在抖音创作者中心，我们还可以查看过去7天的账号数据，能深入了解每个视频的表现、分析作品的热度以及监测实时动态。此外，我们还有机会领取变现任务、学习如何更好地运营抖音账号以及掌握抖音的相关规则，从而帮助我们更有效地提升账号的影响力和盈利能力。

如何变现

了解抖音视频创作和直播的方法后，我们就可以学习如何变现了。抖音提供了以下几种变现方式。

①直播打赏

直播打赏是主播的主要收入来源之一。获得打赏需要我们持续提供优质内容并与观众建立深厚的联系。随着时间的推移和粉丝基础的扩大，打赏的次数和金额都有可能逐渐增加。

新手在直播前，可以先找到直播准备页面下方的"活动区"（如图3-5），点击后可以看到很多官方发起的活动（如图3-6），包括流量加热、站内推广等，在开播之前，报名参与这些活动，可以获得更多曝光机会和资源支持，从而提高直播的吸引力和互动性。

②广告合作

在抖音上积累了一定的粉丝量和影响力后，可以与品牌方合作，发布广告来获得收益。

③知识付费

如果在某个领域具有专业知识或技能，那么可以在抖音上发布视频课程或直播售卖，以此获得收益。

④电商带货

在抖音上通过视频展示商品或开直播售卖商品，引导用户购买，从而获得收益。

图3-5

图3-6

　　需要注意的是，通过直播赚钱的前提是先提升抖音账号的知名度和影响力。建议从内容创作、持续发布优质视频、增加互动等方面入手，提高抖音账号的质量和吸引力。同时，也需要注意遵守法律法规和抖音的规定，避免违规行为。

在快手上发布视频和开启直播

自成立以来，快手凭借"记录和分享生活"这一接地气的理念，以及简单、易上手的界面操作，已经成功吸引了大量用户，一跃成为国内用户体量超大的短视频平台之一。快手平台汇聚了各种各样的内容，包括日常生活分享、技能展示、艺术表演、教育知识等，可谓应有尽有。快手的核心功能包括短视频和直播，在这里，我们可以通过快手发现探索不一样的世界，也可以将自己的生活分享给他人。

除了在快手观看短视频进行娱乐，还可以利用其获取收益。当快手号有一定的粉丝量时，就有机会与品牌方合作，为其在短视频里植入广告获得广告费。也可以在短视频里介绍商品和服务并挂上购买链接，获得销售提成。如果视频具有较强的专业性和独特性，你还可以设置部分内容为付费观看。我们先简单学习一下快手发布短视频的流程。

如何在快手拍摄、发布视频

进入快手App的主界面后，我们直接点击底部的"+"（如图3-7），可以选择从相册导入已经拍好的视频，也可以选择"随手拍"直接对当下内容进行拍摄（如图3-8）。

图3-7

图3-8

快手为用户提供了多种视频拍摄工具，如魔法、美化、模板等（如图3-9）。

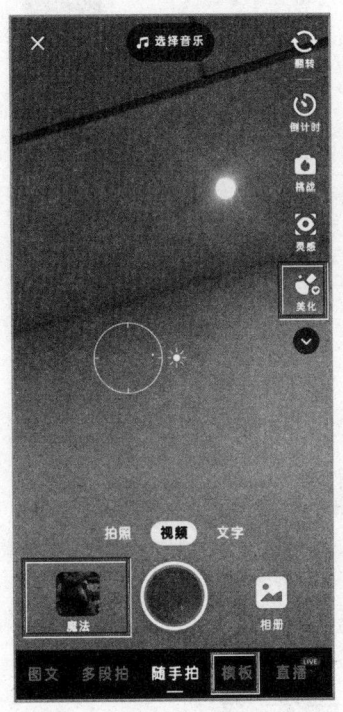

图3-9

　　如果你想美化自己的视频，可以在这个环节选择合适的风格丰富视频内容。编辑完视频后，可以为它选择吸引人的话题，也可以补充文字描述，以便获得更多的流量。

　　完成以上步骤后，只需要点击"发布"便可将短视频发布在快手平台了（如图3-10）。上传时需要等待一段时间，上传结束后就可以在自己的快手主页找到刚刚发布的短视频。

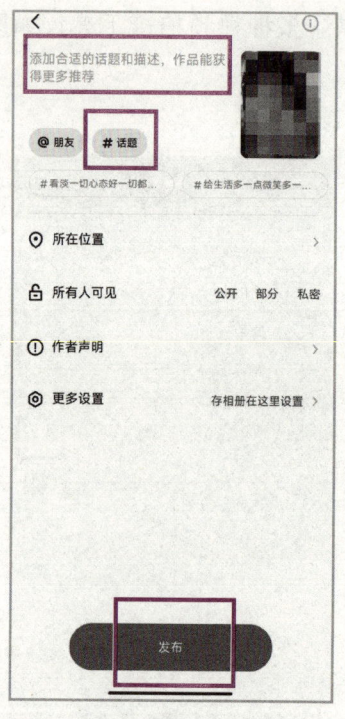

图3-10

如何在快手开启直播

如果你希望和粉丝进行实时交流沟通以及吸引更多新粉丝，就需要好好了解直播功能。开通直播前需要确保自己的账号已经通过实名认证且粉丝达到一定数量，接下来我们只需要向快手申请直播权限并等待审核，审核通过后就可以开启直播了。那么正式直播前需要准备什么呢？

①确定直播设备并进行调整

手机和电脑都可以作为直播设备。为了保证直播的流畅性，确保网络信号良好，记得校准摄像头和麦克风，保证视频和音频的清晰度。

②优化直播环境

除特殊情况，一般直播时需要专业的摄影灯，条件不足的话就尽量保证有良好的光源，以便提升观众的观感。

③准备物料

如果你的直播涉及产品展示或者教学演示，请提前准备好并确定展示角度，确保观众能看清楚。

④设计互动

为了提高观众的参与度和直播间的活跃度，你可以解答问题或者发送福袋等。

⑤设置直播预告

在快手或者其他社交平台提前发布直播主题、直播时间等信息。

哔哩哔哩也能开直播赚钱

提起哔哩哔哩，相信熟悉二次元的小伙伴一定不陌生。我们都知道哔哩哔哩是一个看视频的网站，但其实它也是一个出色的直播平台，尤其是在游戏直播方面。那么我们使用手机也能在哔哩哔哩上直播赚钱吗？答案是肯定的，接下来我们就一起了解下怎么使用手机在哔哩哔哩App上直播赚钱。

明确直播内容，提前做好准备

直播成功的关键在于拥有一定的人气和稳定的粉丝群体，这样才能吸引更多的观众关注并参与互动。那么怎么积累人气呢？我们要提前选择一个热门的游戏或话题进行直播，同时保持高质量的内容和互动，就可以不断吸引观众留下来。直播的内容可以是游戏、唱歌、做手工、化妆等。直播过程中观众可以通过弹幕和主播进行实时互动。积极回复观众的评论，可以增加互动性，让观众与主播的联系更紧密，从而留住观众，增加粉丝的黏性，提高直播间人气。最好事先做好准备，写好流程和逐字稿，准备一些有趣的表情包和带有热度的话题，让你的语言更有趣。

如何在哔哩哔哩App上开启直播

进入哔哩哔哩App的首页后，和抖音、快手类似，我们可以直接点击首页下方的加号（如图3-11），在下方导航栏选择"开直播"即可进入直播准备页面。直播形式包括：视频、游戏、语音或者虚拟形象直播。

图3-11

直播准备页面默认为视频直播（如图3-12），可以选择直播间的封面、颜值（即主题）和话题，还可以对拍摄的内容进行美化，有美化、贴纸等功能。

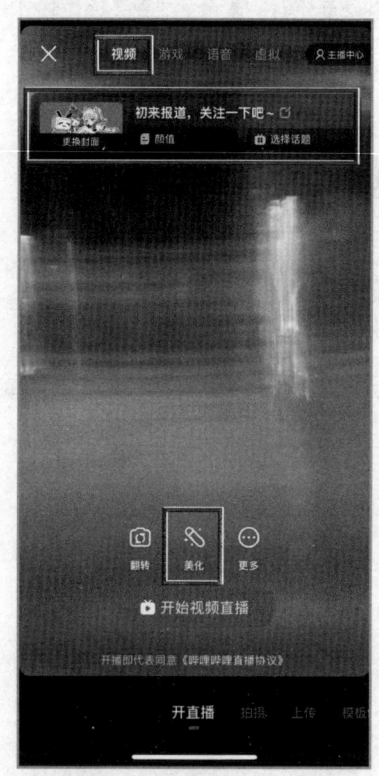

图3-12

　　如果想要进行游戏直播（如图3-13），可以选择直播间的封面、游戏分区和话题。

图3-13

如果想要进行语音直播（如图3-14），那么可以选择直播间的封面、分区（即分类）和话题，还可以选择直播页面的背景图。

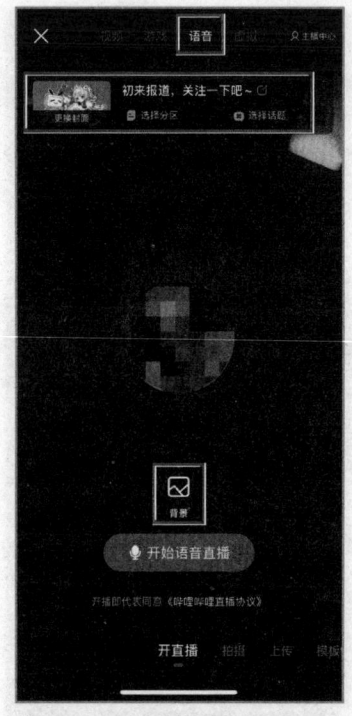

图3-14

此外，哔哩哔哩App中还有虚拟主播，但是需要先下载"哔哩哔哩直播姬"，而且需要先掌握数字化技术和计算机图形学技术来制作虚拟人物，开播的门槛较高，因此在此不做推荐。

如果选择了游戏直播，开启直播后的操作也非常简单，可以直接切换到游戏界面（如图3-15），这时候缩小哔哩哔哩的App切换至游戏就可以了，注意不要手误把哔哩哔哩的App关掉。

图3-15

按提示直接切换到游戏界面之后，会有小电视浮窗，可以通过点击小电视浮窗打开操作栏对直播界面进行简易操作，比如录屏、调整麦克风、进行粉丝互动等。

直播结束后，如果想要进行修改直播设置、了解直播数据等，可以到"我的—我的直播"（如图3-16）中进行操作和查看。之后，前往主播中心（如图3-17），在这里，我们可以直接"开始直播"，也可以进行"直播预约"（如图3-18）。

图3-16

图3-17

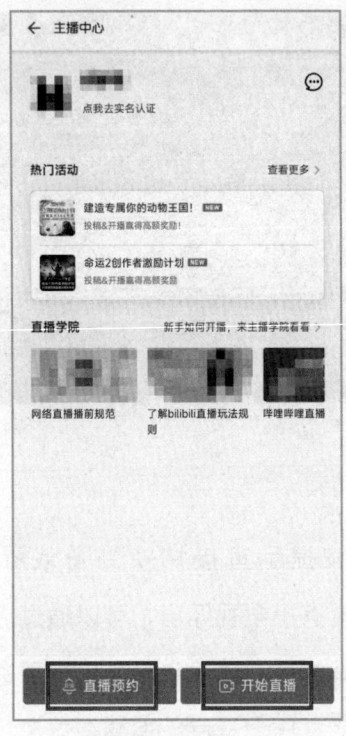
图3-18

　　在哔哩哔哩开直播的收益方式跟抖音、快手类似，在直播的时候，获得粉丝打赏和礼物，是直播的一个重要收入来源。同时，主播还可以通过直播带货、售卖周边产品等来获得额外的收入。赞助和广告也是哔哩哔哩主播获得收入的一种重要方式。主播的人气和粉丝数量累积到一定程度之后，就可能会有赞助商和广告商主动联系你，与你进行商业合作。

在小红书上发布视频和开启直播

　　目前，直播在小红书上也渐渐兴起，可以说是一个非常具有潜力的市场领域。小红书平台提供了多样化的功能，让每位用户都能找到适合自己的定位。无论是分享日常生活的点滴，还是发表自己的见解和知识，或是销售产品赚取收益，小红书都为用户提供了广阔的舞台。

注册小红书账号

　　要想在小红书上赚取收益，首先需要注册一个小红书账号。注册账号并不难，只需要下载并安装小红书App，按指引注册账号就可以了。注册方式尽量选择使用手机号，注意：一个手机号仅限绑定一个小红书账号，不要在不同设备频繁切换账号，以防账号被系统判定为营销号恶意操作从而影响流量。

注册成功后，我们就需要完善个人资料了，包括头像、昵称、个人简介等。头像和昵称定好后尽量不要随意改动，因为这是你给别人的"第一印象"，如果随意修改，可能会损失一些流量。昵称可以尽量跟你希望做的内容相关，这样更容易引起对应粉丝的注意，比如你想做母婴品类的赛道，就可以叫"00后宝妈的日常""××妈妈喂食记"等，完善的个人资料有助于吸引品牌合作。

如何在小红书App上发布视频

在小红书App上发布笔记的主流内容形式是图文，但如果想要提供更丰富的视听效果，增强粉丝的观看体验，发布短视频也是不错的选择。那么在小红书App上如何制作并发布短视频笔记呢？

①确定视频的内容

你可以选择产品推荐和评价、美妆教程、美食制作、运动经验分享、旅行分享、时尚穿搭、生活分享等类目进行发布。更重要的是，根据个人账号定位来选择内容。

②发布视频的渠道

渠道一：直接点击首页底部导航栏的"+"号按钮，可以从相册选择已经拍好的视频上传，也可以点击拍摄实时拍视频发布。

渠道二：点击底部导航栏的"我"，再点击左上角三条杠的小图标（如图3-19），点击"创作者中心—全部服务—笔记周报—去发笔记"（如图3-20至图3-23）。

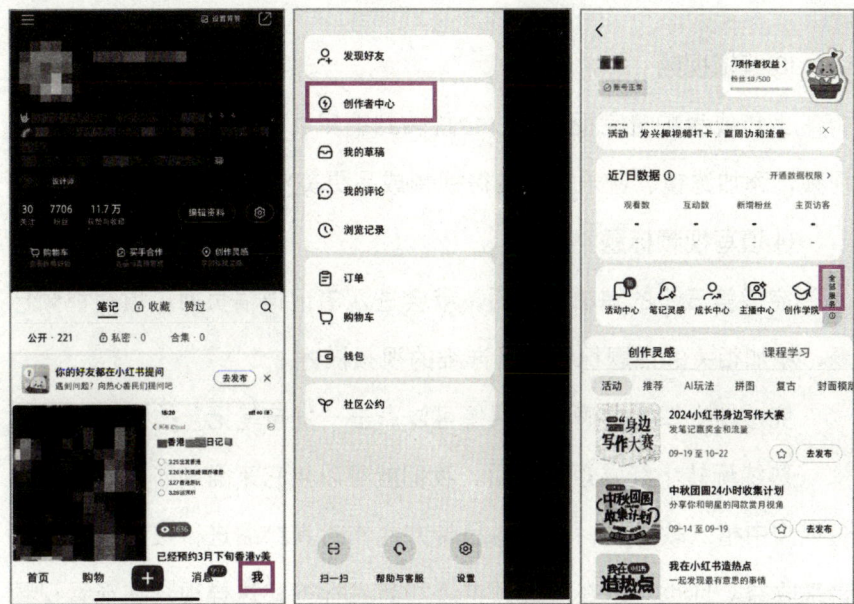

图3-19   图3-20   图3-21

图3-22

图3-23

③编辑视频

上传或者拍摄完视频后，会跳转到编辑页面，你可以在这里剪辑视频，添加滤镜、音乐等，使得视频成品更美观流畅。

④填写视频标题

完成第三步的编辑视频后，就会进入笔记详情页面，填写视频标题，添加相关的话题标签以及详细的视频描述。

完成以上四步，确认无误便可以点击"发布笔记"按钮啦！

熟练玩转小红书短视频后，我们就可以用它来盈利了。不管是在短视频中植入软广告，还是与品牌方合作对其产品进行推广，都可以带来收益。你也可以在短视频中添加商品标签，这样观众在观看视频时就可以点击标签直接购买商品，你也会获得相应的佣金收益。

如何在小红书App上开直播

在小红书App上开直播的方式也很简单，但需要先满足开播条件：实名认证、账号没有严重的违规行为。开启直播的步骤：直接点击首页底部导航栏的"+"号按钮（如图3-24），然后选择"直播"（如图3-25），点击"开始直播"就可以开播了。

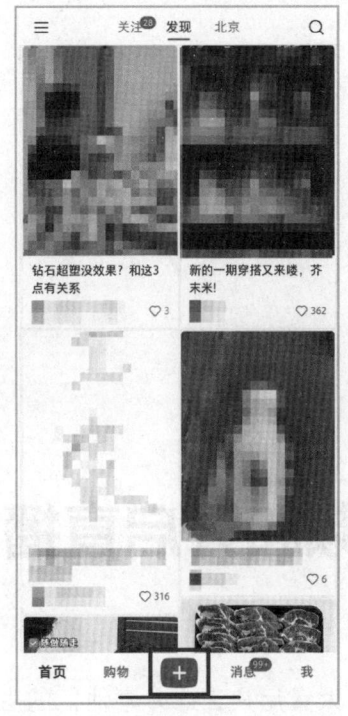

图 3-24

图 3-25

在微博上发布视频和开启直播

  微博是社交媒体平台,吸引了大量用户在此分享他们的生活点滴。这些用户不仅包括明星和大V,还有许多像我们一样的普通用户。除了传统的微博图文动态外,微博还推出了视频号和直播功能,为用户提供了更多展示自我和创作内容的机会,同时也为创作者带来了盈利的可能性。

  微博是较早涉足短视频领域的公司之一,其推出的"冰桶挑战""秒拍""小咖秀"等活动曾引领一时风尚。然而,随着其他短视频平台的崛起,微博在视频领域的辉煌成就逐渐被公众遗忘。尽管如此,与其他短视频平台相比,微博凭借其庞大的社交流量优势,依然能为创作者提供丰富的变现机会。并且目前有很多短视频平台都支持把视频分享到微博上。因此,如果你是一个短视频创作者,也可以在微博上推广自己的短视频作品。

如何在微博App上发布视频

如果没有微博号的话，那么可以先注册一个，微博也支持邮箱、手机号等登录方式。登录微博后，点击底部导航栏中的"视频"选项（如图3-26），然后点击右上角的"+"号按钮，从手机相册中选择想要发布的视频文件后，点击下一步，就可以上传你的视频并发布了。

图3-26

同其他平台一样，微博在视频编辑页面，提供了各种模板、贴纸、滤镜可以自由使用。在发布一条视频后，你的微博账号就升级为视频号，并相应解锁数据中心等专属服务。如果你能坚持进行视频创作，在达到一定的投稿量和播放量后，就可以开启引力计划，通过视频广告进行分成了。

如何在微博App上开启直播

在微博App上开启直播的方式很简单，跟发布视频的路径相同，点击首页右上角的"+"号按钮，然后点击"直播"选项（如图3-27）。

图3-27

进入直播准备页面后，填好标题、添加话题和封面，点击"开始视频直播"（如图3-28）就可以开播了。需要注意的是：在微博开直播，需要先完成实名认证，认证后才能开播。

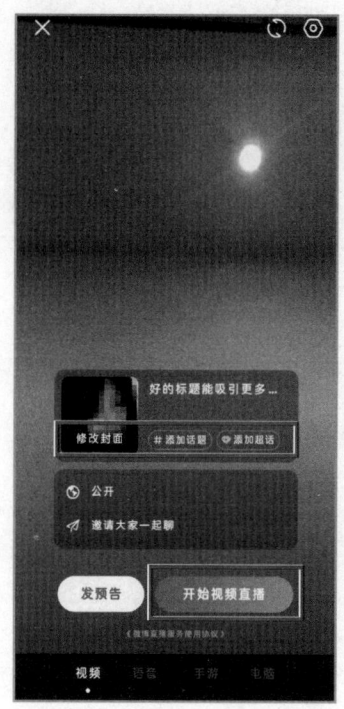

图3-28

微博提供了视频、语音、手游、电脑四种直播方式，我们可以根据直播的内容选择合适的一种。如果不知道如何进行直播，可以去微博上关注一些博主，看看他们是怎样进行直播的。

在直播前，你需要提前做好准备。比如，可以先进行一次试播，看看直播的效果如何。如果你的直播效果很好，那就说明你的直播技巧很好，可以继续保持；如果不好，那就说明你需要改进了。

直播的收益跟其他平台相似，不外乎粉丝打赏、直播带货、接广告等方式。不过，直播的内容和方式需要根据不同平台受众的类型而有所改变。

6

在微信视频号上
发布视频和开启直播

　　微信是腾讯旗下的一款社交平台软件，几乎每个人都离不开微信，不管是日常工作的沟通交流，还是购物、娱乐，都可以在这个平台上完成。随着短视频和直播的流行，微信也加入了这个战场，推出了视频号功能。通过微信视频号，用户可以轻松地记录生活、分享经验、展示技能、交友互动。由于视频号依托微信这个自带社交圈的平台，如果你在微信上创建一个视频号并实现粉丝增长，相对于其他平台来说会更容易一些。

如何注册微信视频号以及上传视频

微信视频号内嵌在微信App的"发现"页面，就在"朋友圈"的下方。用户可以通过视频号发布视频或图片，它不仅支持传统的收藏、点赞、评论等功能，还可以直接分享到微信的好友或朋友圈。但微信视频号目前无法直接分享至抖音、快手等其他平台，最多可以分享口令，还经常遇到折叠的状况。下面我们就来了解下如何使用微信视频号发视频。

打开微信App，进入"发现"页面，点击进入"视频号"（如图3-29），点击视频播放页面右上角的"个人"符号（如图3-30），进入视频号设置页面后点击"发表视频"（如图3-31），就可以进入微信视频号的注册页面了。

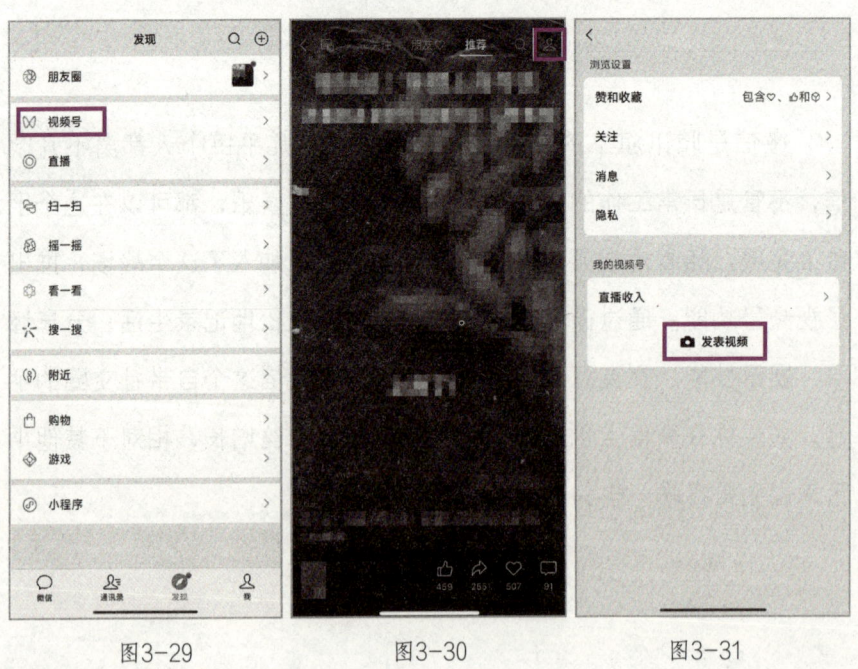

图3-29　　　　　　图3-30　　　　　　图3-31

注册时需要完善视频号各类信息，包括头像、名字等。如果你是更多地面向现有的私域流量，就可以使用你现在的头像，并且勾选上"在个人名片上展示视频号"。这样你的微信好友在刷视频号时，就可以轻松找到你了。

注册后就可以上传视频了。目前视频号支持发表图片或视频内容。图片要求不超过20张；视频时长为：手机端支持3秒~30分钟，电脑端支持3秒~2小时，你可以根据视频时长选择发布平台。微信视频号可以添加微信公众号文章的链接，有助于与公众号互动引流。

微信视频号开通了创作分成计划，积累到100名粉丝后就可以申请，开通后只需在发布视频时声明是原创，系统就会自动在你的视频里插入广告，只要有人观看或点击，就会给你一些分成收益。

如何用微信视频号开直播

首先我们需要先开通视频号，只有有了视频号后，才可以开启直播。注册完视频号后，在视频号主页点击右上角的"个人"符号（如图3-30），点击"发起直播"（如图3-32），填好相应的信息，点击"开始"就可以开播了（如图3-33）。需要注意的是，首次开播前需要进行开播认证，阅读微信制定的规范条文。

从视频号设置页面进入"创作者中心"（如图3-32），我们还可以看到开播后的数据，详细了解自己账号的信息，比如违规、直播收入等。

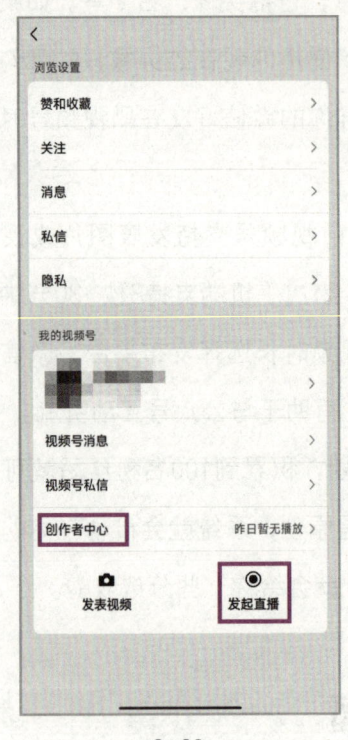

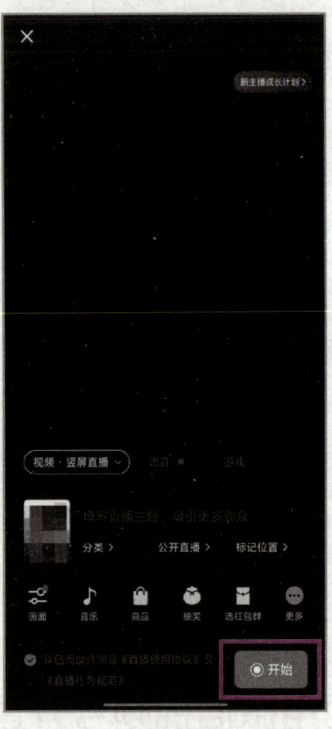

3-32   3-33

在淘宝上发布视频和开启直播

淘宝是阿里巴巴集团旗下的电子商务平台，功能非常完善，不仅有常规的购物功能，还有娱乐、休闲、社区、资讯等功能。

近年来，如果你在淘宝上购物，你可能会注意到一个明显的趋势：与过去主要依赖图文展示商品不同，淘宝现在越来越倾向于使用视频的形式来呈现商品信息。这是因为视频通常能比图片提供更多的信息，并且更容易赢得买家的信任。

如何在淘宝App上发布视频

首先，打开淘宝App，点击"视频"（如图3-34），即可进入淘宝的视频页面。然后，点击右上角照相机的图案（如图3-35），我们就可以拍摄并发布视频了。

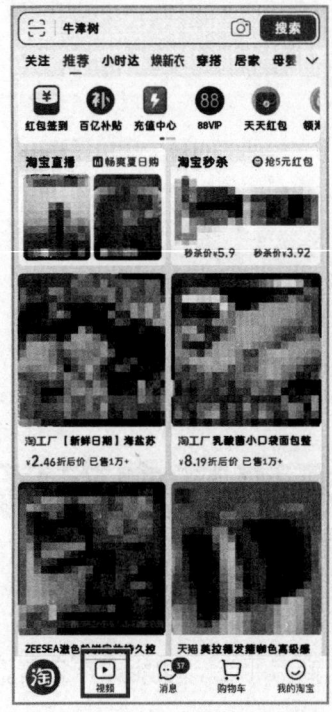

图3-34

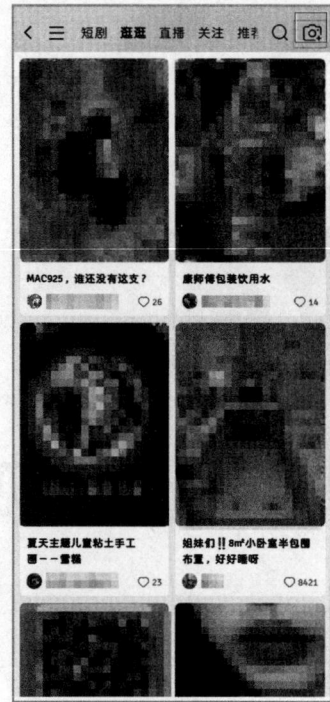

图3-35

目前，淘宝为短视频创作者提供了良好的流量支持，因此，利用发布带货视频来收获佣金是一个非常好的赚钱机会。

要专注于制作高质量的视频内容，一旦我们的带货视频吸引了用户的注意并通过该视频下单购买商品，我们就可以从中获得佣金收益。

如何在淘宝开启直播赚钱

许多人可能最初是通过一些知名的直播带货达人了解到淘宝直播的。如今，许多知名品牌店铺也纷纷设立了直播间，以推广自家的产品。如果你想在手机上开启淘宝直播，需要先在手机上下载淘宝主播App。打开淘宝主播App后，使用手机淘宝快速登录，或使用淘宝账号、支付宝账号登录（如图3-36）。

图3-36

登录淘宝主播App后，直接点击下方的"+"号按钮（如图3-37），就可以发起直播了。

图3-37

　　在进行直播之前，选择一个你感兴趣或擅长的领域至关重要，因为这有助于你在该领域获得更多的流量，进而实现盈利。你可以利用淘宝的直播助手工具，搜索你喜欢的领域，然后找到相关领域的直播进行学习。

　　在进行直播带货时，要对商品进行详细的解说，强调商品的优势和特色，以便让观众更清楚地了解你的商品。同时，不要忘记提醒观众领取优惠券并关注店铺。最重要的是，要引导观众将商品加入购物车并完成购买，这样你才能获得收益。

接单：

多样化的赚钱渠道

通过BOSS直聘兼职接任务

　　理财的两大要素是开源与节流。过去，人们往往过于关注节省开支，而如今，越来越多的人开始意识到增加收入的重要性，这也解释了为什么选择副业和兼职的人越来越多。

　　无论是大学生还是已经步入社会的职场人士，可能都考虑过利用闲暇时间来赚取额外收入，以缓解经济压力。这种做法很容易理解，因为积累个人储蓄是实现经济独立的基础。对于在校大学生来说，在完成学业的同时，通过参与社会实践不仅可以学到知识，还能帮助自己更好地了解社会，从而提高自己的社会适应能力，这对于未来的职业发展是非常有益的。对于已经工作的人来说，可以缓解一些因房贷、房租、车贷、通勤费、餐饮费等各种开销而带来的金钱压力。

BOSS直聘也招兼职

在个人条件允许的前提下，适度兼职是锻炼个人能力、减轻收入压力的好方法。那么，应该如何寻找合适的兼职机会呢？互联网招聘平台在这方面发挥着至关重要的作用。在众多平台中，我们不禁想起那句耳熟能详的广告语："找工作，我要跟老板谈！"

BOSS直聘上的招聘信息经过了平台的认证，因此相对较为可靠。而且，BOSS直聘中不仅有全职工作机会，还有很多兼职和接单的机会。

如何在BOSS直聘上寻找兼职

BOSS直聘既有App，也有微信小程序，用户实际体验的差异甚微，大家可以根据个人习惯选择下载App或打开微信小程序。接下来，我们以在微信小程序中进行操作为例，为大家介绍如何使用BOSS直聘。

我们在微信搜索并打开BOSS直聘小程序，在首页上方文本框中选择自己所在城市，输入"兼职""线上""不坐班"等内容，进行大范围的模糊搜索（如图4-1）。

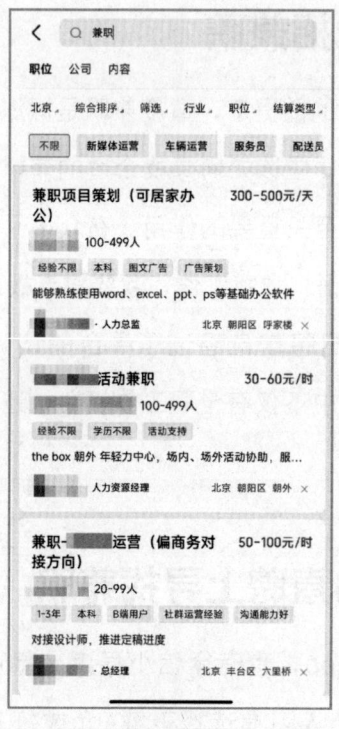

图4-1

如果已经有了心仪的兼职职位或公司，可以在首页文本框中直接搜索该职位或公司。如果在页面中的"区域位置"及"筛选"中缩小范围和条件，即可进行精细化搜索，筛选的结果会更加符合我们的预期。

呈现初步检索结果后，我们可以看到对应职位的分类/关键词描述，点开标题即可展开此职位的具体信息，如：工作排班、工作时段、结算方式、工作内容、工作要求等，遇到适合自己的职位请不要犹豫，马上点击页面下方的"立即沟通"键（如图4-2），和对方人事专员初步交流，了解招聘方的实际情况。

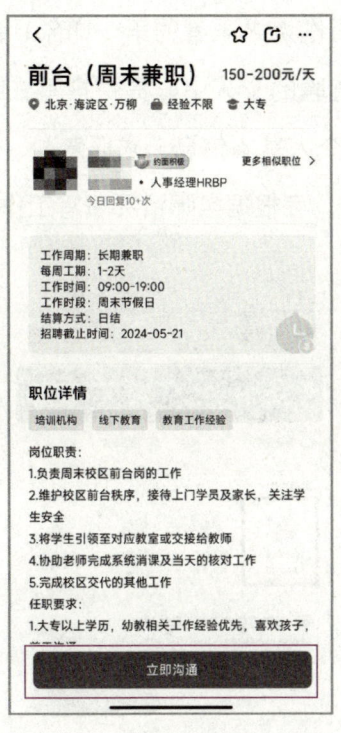

图4-2

在BOSS直聘上找兼职的注意事项

在和招聘方人事建立初步联系之后，接下来能否获得面试机会，主要依靠进一步沟通，以及我们在BOSS直聘的个人中心上传的在线简历。

招聘方更看重兼职求职者的时间能否灵活安排、能否接受结算方式等影响排班和财务流程的细节。在沟通过程中，我们要重视消息回复的及时性，尽量避免因未设置新消息接收提醒而导致的时间差问题。

另一方面，简历作为求职者的第一印象，势必要趋于完美地呈现给招聘方。BOSS直聘的个人中心提供撰写在线简历的功能（如图4-3），其中包括：个人基本信息、求职意向、工作经历、教育经历等，应征不同的岗位，可根据实际情况填写工作经验，以赢取对方的初步信任。

图4-3

虽然网络平台为我们提供了寻找兼职的便利，但我们仍需保持警惕，以避免落入虚假招聘的陷阱。例如，有些骗局要求入职前需先交押金、保证金、培训费等，声称提供丰厚的薪水和轻松的工作环境，甚至无须学历要求或工作经验就能轻松通过面试。我们必须对这些陷阱保持高度警惕，以免遭受经济损失。

2

500px，手机拍照可投稿

　　只要有一技之长，闲暇时间就可以利用互联网和手机来赚取第一桶金，例如手机摄影。摄影，其实是一项长期的爱好，生活中有很多美好瞬间值得记录：博物馆开放新展、网红旅游景点开放、大雪纷飞中的雾凇、清早浓雾中的早餐摊……但日复一日、年复一年，很多精彩的照片躺在硬盘里，只有极低的概率才能继续获得摄影师的"宠幸"——被翻出来查看。

　　现如今，这些照片被互联网赋予了全新的生命，对于我们来说，出售照片已经成为一种流行的创收方式。但是，要想在这个领域中成功销售自己的摄影作品，还需要找到适合手机摄影的平台。在这方面，500px是一个不错的平台。

500px是什么?

500px是视觉中国旗下的摄影社区,旨在为摄影师提供一个发现和分享照片的社区。在500px上,摄影师可以获得有价值的曝光机会,参与各类摄影比赛,并通过平台的独家分销合作伙伴授权其摄影作品。这个平台特别适合热爱大自然的摄影爱好者或新闻摄影师上传作品,一旦作品在平台上售出,收入是相当可观的。

那么,如何向500px投稿手机摄影作品呢?

投稿的操作流程

首先,我们需要在手机应用商店下载并安装500px中国版(如图4-4)。

图4-4

其次，完成注册后，点击首页底部中间的"+"号标志（如图4-5），选择"单图"或"组图"，或"视频"，或"专栏"，即可选择手机相册中的照片（如图4-6）。选择好照片后，需要为照片添加标题，"分享镜头背后的故事"，勾选"我要卖图"（如图4-7），到此已经完成了投稿的操作流程。需要注意的是，500px对供稿是有要求的，照片大小至少为600万像素，照片格式为JPG。

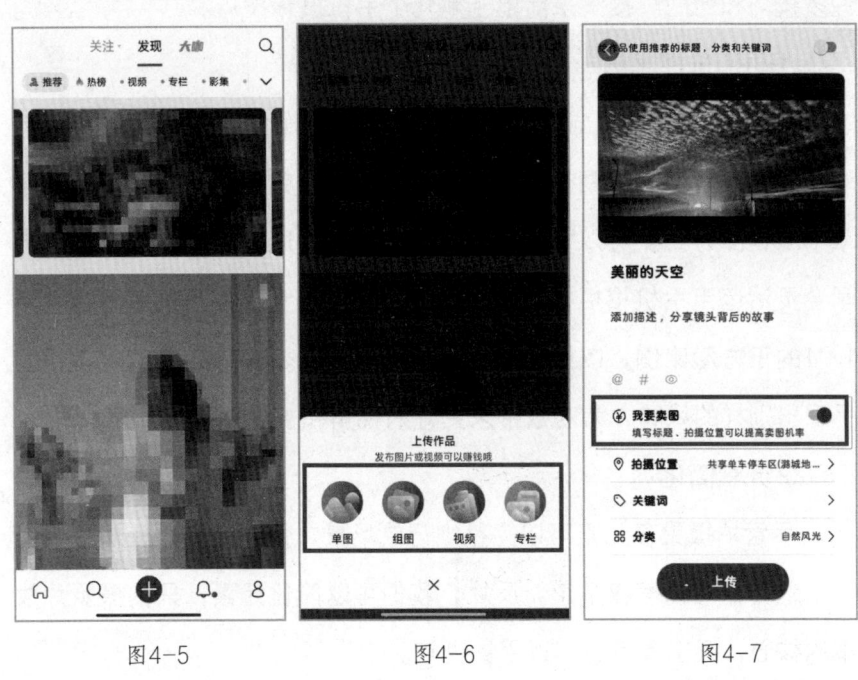

图4-5　　　　　　　图4-6　　　　　　　图4-7

投稿内容及手机摄影技巧

了解了如何投稿后，我们来探讨一下投稿内容的选取。我们应该根据市场需求，挑选出具有独特性、创新性和吸引力的照片，比如建筑、风景、人物、动物等不同类型的照片，它们各自拥有不同的市场需求。为了成功出售摄影作品，我们必须具有一定的商业思维。即便一张照片拍摄得再出色，如果缺乏商业价值，还是很难有人购买。另外，相较于人像照片，静物和风景照片更为畅销，且人像照片涉及肖像权问题，因此不推荐出售人像照片。

智能手机的摄影功能越来越强大，甚至有些手机的摄影性能已经超过了相机。然而，尽管用手机拍照看起来很简单，但实际上隐藏着许多技巧和窍门。接下来简单了解几个手机摄影技巧。

①灵活选择比例

手机拍摄时，纵向构图避免设备翻转，操作起来相对便捷。针对特定场景，横向构图往往能更好地展现画面效果，更具优势。如果拿不准构图方式，可以多调整角度和焦距做不同的尝试。此外，还应学会灵活运用手机相机中不同的照片比例，美食类照片不仅适合采用1∶1的正方形比例，以展现食物的细节和质感，使用4∶3的比例也能呈现出别样的风味，为观众带来更好的视角和视觉享受。

②元素简化

尽管拍摄更多元素可以完整地记录场景，但反而容易使照片丢失了主题，不再拥有叙事感。反之，我们可以简化元素，只拍摄照片故事的核心，突出重点总好过平铺直叙。

③虚实结合

虚实结合的拍摄技巧不仅适用于人物照，在静物、景色和建筑等照片中也同样适用。

在500px上，除了售卖摄影作品，还可以参加官方举办的摄影活动，如果能获奖，收益也是非常可观的。

3

天天刷微博，这笔钱你领了吗

通过微博赚钱的方法不止一种，如果你觉得前面介绍的发视频、开直播太难，自己既没有才艺，也不会拍摄、剪辑视频，那可以看看这部分内容。

除了视频和直播相关的赚钱方式以外，微博还有一个适合普通人的低门槛赚钱渠道，那就是——用户任务中心。这个用户任务中心平台提供了两种赚钱方法：一种是通过微博的任务渠道按照要求做任务赚取佣金，另一种则是在创作中心里找到全员任务，通过接任务的方式赚取佣金。接下来我们分别看一下这两种方法的细节。

用户任务中心，开启微博赚钱新渠道

微博任务中心是微博平台新推出的一个功能，通过该功能，用户可以参与各种任务活动赚取相应的奖励，这些奖励通常以红包、积分、礼品卡等形式发放。

我们打开微博App，然后点击"我"，就可以看到"用户任务中心"这个选项了（如图4-8），点击进入后，我们就可以看到里面有很多的任务，比如签到有奖、发微博有奖、关注有奖、转发抽奖、评论抽奖、关注话题等。其中最简单的就是签到任务（如图4-9）。在这里每天进行签到，就可以每天领一个红包，邀请好友助力，则签到奖励翻倍，最高可以翻到20倍，连续签到也会有额外的奖励。

图4-8   图4-9

除此之外，下拉用户任务中心，可以看到更多的活动，这其中也有很多低门槛任务（如图4-10），我们可以根据自己的需求和能力，选择要参与的活动。要注意的是，有的获得的是现金红包，有的只是一些积分奖励。在做任务之前，一定要看清奖励内容。

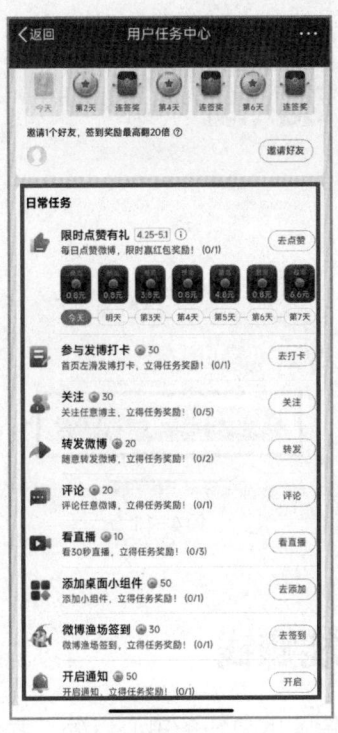

图4-10

完成任务后，可以点击查看自己的收入，也可以在"任务收益"中查看近期整体收入，达到指定提现标准后，我们就可以点击"立即提现"（如图4-11），将在用户任务中心中获取到的现金收益提现到你的微博钱包中了。

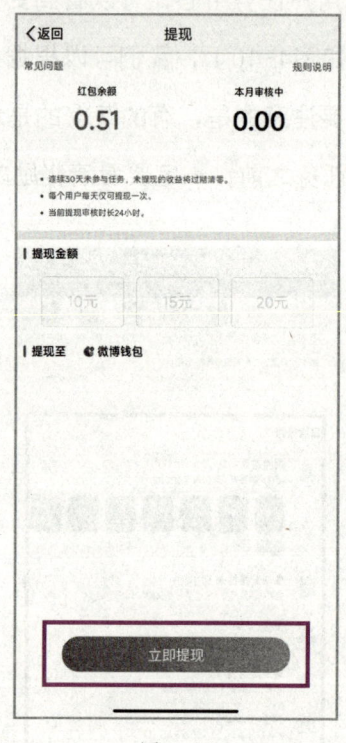

图4-11

创作者中心也能赚钱

在微博App中，除了用户任务中心以外，我们还可以通过创作者中心，以接取推广任务、发布图文微博的形式获取收益。创作者中心为内容创作者们提供了更多的内容运营工具和玩法，相比用户任务中心会有更多的收益。内容创作者们可以通过创作者中心，实现创作管理、数据管理、权益管理等功能。那么，这个创作者中心在哪里呢？

我们还是打开微博，点击"我—创作中心"，进入"创作者中心"页面后，就可以看到"全员任务"的板块了（如图4-12）。"全员任务"提供了热门话题推荐、榜单推荐等权益功能，方便创作者更好地运营自己的微博账号。

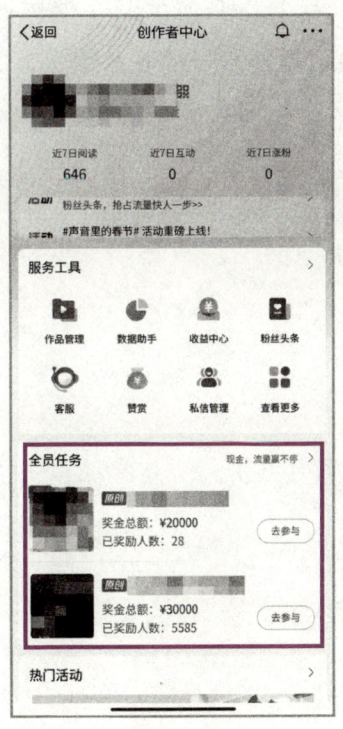

图4-12

这里的任务大多是品牌方为了营销推广而发布的，具有很强的时效性。我们可以选择自己熟悉的话题，比如玩过的游戏、使用过的手机等。点击"去参与"，就可以查看品牌方对此任务的要求了，一般都是对话题、字数、配图等有要求。了解任务要求后，点击"立即参与"，就可以去做任务了。

每个任务上都会写明结算的价格，一般来讲是前几名完成任务的人的收益比较多，会直接获得数额明确且较多的收益，较晚完成任务的人就只能以瓜分奖金的形式获得收益了。

　　"创作者中心"还有"收益中心"板块，进入"收益中心"后，我们可以查看自己微博账号的收益情况，并进行提现等操作。但是这种激励往往不是实时到账的，一般要等到任务结束后才结算，因此我们可以先完成任务，过一段时间再来看微博账户，说不定会有惊喜。

支付宝，不仅能看短视频，还能领红包

支付宝作为一个移动支付软件，相较于抖音、快手等其他专业短视频平台，观看短视频领取红包的活动上线较晚，但为了保证市场竞争力，支付宝提高了奖励力度。而且，支付宝刷视频得到的红包，可以直接用于到店抵扣，最多单笔可以叠加使用6个红包。这是一种比较新颖的看视频赚钱方式，主要通过观看广告或者推广视频，为平台带来流量和收入，同时也增加了用户黏性和活跃度。那么接下来，就让我们来详细了解一下，支付宝看短视频领取现金红包的方法吧。

支付宝看短视频领取现金红包的操作方法

对于领取看视频红包的操作，曾经使用过抖音极速版、快手极速版的朋友一定不陌生。首先，打开支付宝首页，然后，点击底部导航栏正中间的"视频"，进入观看视频的页面即可看到"红包"（如图4-13）。

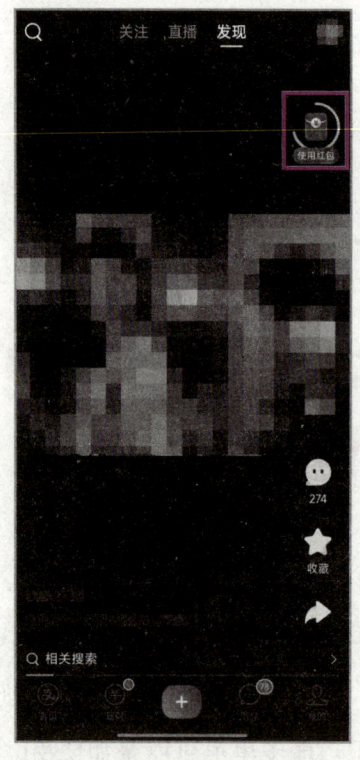

图4-13

支付宝看短视频领取现金红包的注意事项

当然，对于支付宝上的视频，我们也不能反复"薅羊毛"，平台也做了对应的规则限制，请注意：当以下情况发生时，用户无法通过看视频继续获得"视频线下红包"。

- 用户对同一视频反复观看2次及以上。

- 视频播放时出现卡顿。

- 用户每日观看视频次数/浏览时长奖励已达上限。

支付宝看短视频领取现金红包的特殊玩法

作为一种双赢的营销策略，在用户看视频拿红包的基础上，支付宝还开通了其他玩法，帮助用户更快、更多地获得红包，以提升用户黏性。这些特殊玩法主要有以下几种（如图4-14）。

①签到领红包

特邀用户按照页面引导每天完成签到任务，即可领取红包。在任务周期内连续签到的天数越多，获得的红包金额可能越高。

②邀请好友领红包

特邀用户复制口令或发图给好友，喊好友看视频助力，每邀请1位好友助力成功，即可获得对应红包。

③天天预约得红包

特邀用户在指定时间内完成预约，并在次日登录活动页面，即可领取红包奖励。

④看微剧领红包

特邀用户根据任务提示浏览指定微剧，完成任务后可获得随机金额的红包奖励。

图4-14

目前，支付宝"看视频领红包"的活动是常态化的，因此大家可以在任何时间进入活动页面观看视频领取红包。在正常情况下，看视频领红包不存在风险，不过还需要注意以下两个方面。

一是擦亮双眼，不要贪小便宜吃大亏。视频中不乏出现其他App的推荐广告，要注意甄别非官方软件，避免陷入利益陷阱。

二是少看怡情，适度为宜。看视频领红包是一件轻松愉快的事情，但也不要投入过多的时间和精力，打发闲暇时间即可，以免影响正常生活。

5

猪八戒App，灵活接任务

想必"威客"这个词对于大多数人来说是陌生的，其实威客的英文Witkey是由wit（智慧）、key（钥匙）两个单词组成，是指那些通过互联网把自己的智慧、知识、能力、经验转换成实际收益的人。他们在互联网上通过解决科学、技术、工作、生活、学习中的问题从而让知识、智慧、经验、技能体现经济价值。简单来说，威客网就是给有技能的人提供接单的平台。

威客类App有很多，猪八戒App是知名度较高的。猪八戒App为人们提供了一个连接雇主和自由职业者的机会，雇主可以在这里发布各行各业的任务，而自由职业者利用自己的技能和时间接单，赚取额外的收入。

猪八戒App的接单方式

如果你想成为一名威客，通过自己的技能接单获得收益，首先需要在手机上下载并安装猪八戒App。然后注册猪八戒App账号完善个人资料，比如起名字、上传头像、添加个人技能等，然后我们可以选择自己的身份，想要接单赚钱，自然是选择"接外包/卖服务"的服务商身份（如图4-15）。登录成功后，进行实名认证，上传身份证正反面照片，提交审核。

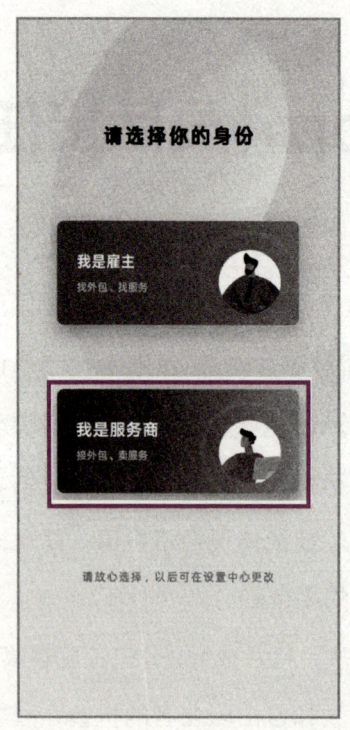

图4-15

在猪八戒App的首页或者任务板块，可以浏览项目或任务，找到符合自己技能或自己感兴趣的项目。进入项目详情页面后，要仔细阅读项目需求和要求，确保自己有能力完成，就可以正式接取这个项目，在规定的时间内完成任务，等待雇主确认并支付报酬就可以了。

但猪八戒App中的任务往往"僧多粥少"，接单的人要比你想象中的多很多，因此，我们需要先准备符合项目需求的作品参与竞选。

猪八戒App的接单类别

在猪八戒App接单时，应遵守猪八戒App的规则和条款，不参与违规行为。在选择项目时，要根据自己的能力和兴趣进行选择，避免"小马拉大车——力不能及"，以免接到超出自己能力范围的项目。目前，通过猪八戒App赚钱的方式有以下几种。

①接项目

我们可以以个人身份在猪八戒App接受雇主发布的项目需求，完成后获得报酬，这些项目通常包括设计、编程、文案撰写等任务。

②竞标

一些大项目竞争比较激烈时就会采取竞标的方式发布任务，我们可以对感兴趣的项目进行竞标，如果竞标成功并完成项目，就可以获得相应的报酬。

③销售服务

我们也可以在猪八戒App上开设店铺，出售自己的服务。例如，设计师可以出售自己的设计作品，程序员可以出售自己的编程代码等。

④完成任务

猪八戒App有一些悬赏任务，我们可以完成这些任务来赚取报酬。这些任务通常比较简单，如回答问卷、参加调查等。

⑤培训和教育

猪八戒App还有一些与培训和教育相关的项目，我们可以通过提供培训课程或教育资源来赚取收入。

豆瓣小组，
帮人填写问卷也能赚钱

在当今这个信息爆炸的时代，市场研究的重要性日益凸显。企业为了深入了解消费者的需求以及市场的动态变化，经常采用问卷调查的方式来搜集相关数据。许多大学生在进行学术研究时，也会寻求他人的帮助来完成问卷，以便获得所需的数据支持。然而，面对那些没有回报的普通问卷，许多人可能会在填写过程中失去耐心，甚至随意填写，这将对调查结果的准确性产生负面影响。因此，为了鼓励人们认真参与并提高问卷的完成率，很多调查机构和个人会采取一定的激励措施。这样一来，填写问卷不仅可以帮助他人收集有价值的信息，还可以让我们在闲暇之余轻松赚取额外的收入。

参与填写问卷的注意事项

问卷调查是企业获取市场信息、了解消费者需求和评估产品服务的一种常见手段。各类企业和市场调研机构会发布各种问卷，包括产品体验、消费习惯、广告效果等各种内容。因此，市面上有很多填写问卷的赚钱平台，在选择和进行填写时可以注意以下几点。

● 选择可靠的、口碑良好的问卷调查平台，注意平台的隐私政策，确保个人信息的安全。

● 在平台上完善个人资料，以便系统能够更准确地匹配适合你的问卷。

● 根据自己的兴趣和专业领域，选择合适的问卷进行填写，要认真阅读问题，提供真实、详细的回答，增加问卷的有效性。

● 了解平台的提现方式，一般有积分兑换、红包奖励等多种形式。

豆瓣小组，较为靠谱的平台

豆瓣是一个知名的社交网站，其中最为人们所熟知的功能之一就是为电影和电视剧打分。许多人在选择观看什么电影时，都会参考豆瓣上的评分。其实豆瓣里还有很多可靠且有趣的小组，可以把豆瓣小组理解为小型论坛，有相同爱好和目的的人会聚于此。在这里给大家推荐一个我用过的可靠平台——豆瓣小组：访谈对象招募&互助（如图4-16）。

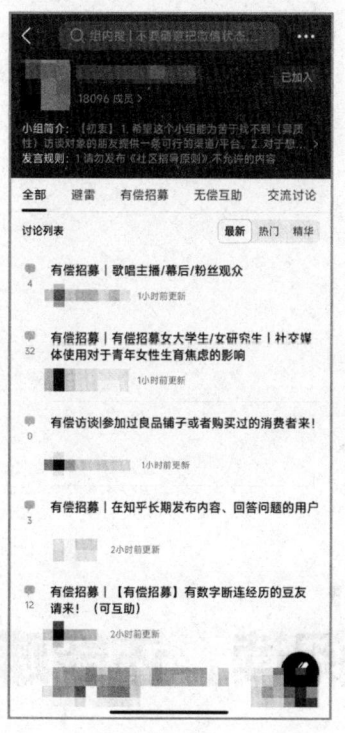

图4-16

在这个访谈小组里发出的帖子一般都会在标题中写明是有偿还是无偿。如果你以赚钱为主，就挑选有偿的访谈。同时，标题后面也会标注目标访谈人群，如果你符合这个要求，就可以进入帖子查看详情，对调研信息和报酬满意的话，留言或私信联系楼主参与访谈即可。

番茄小说，
既能免费阅读，还能赚钱

我们经常会在地铁上看到一些人全神贯注地用手机看小说，用手机看小说不仅能满足人们的兴趣爱好，还能帮助人们消磨漫长的乘车时间。那么今天我们就来介绍一款不仅能免费看小说，还能赚钱的App：番茄小说。

番茄小说涵盖了言情、玄幻、悬疑、都市等各种主流网络文学作品，同时还推出了番茄畅听功能，让用户能够体验到真人朗读小说的独特魅力。你可能会好奇，既然用户可以免费阅读，那么平台是如何实现盈利的呢？答案是：靠广告！番茄小说设计了一套完善的阅读获利机制，以确保用户在享受阅读乐趣的同时，也能为平台创造利润。

看番茄小说赚钱的基础方法

我们还是去手机应用商店中下载番茄小说App，完成登录后，点击页面底部导航"我的—番茄指南"，就会呈现出一篇新手指引的玩转攻略。这里面包含：发现好书、隐藏功能、金币福利、社区手册等。在此我们重点打开"金币福利"，作为官方提供的福利指引，大家可以放心大胆地操作。

①阅读领取福利

边阅读边赚钱，让精神和钱包双饱满！在阅读了30秒后，就可以领取对应时长的金币（如图4-17），后续攒到的金币可以按照一定比例折算为现金提现。

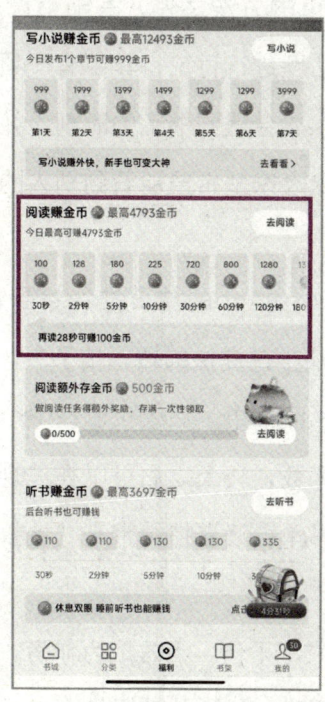

图4-17

②新人福利

新人注册的前7天，签到获得福利的优惠力度很大，且可以叠加连续阅读福利，连续3天阅读满15分钟即可领取大量金币，更有新用户专属的微信提现红包。

③邀请好友有奖励

邀请好友获得的金币金额更大。可以邀请好友下载番茄小说App，并在App内输入你的邀请码，这样你们双方都会获得金币。如果好友在后续的使用过程中保持活跃，平台也会给你一定的金币奖励。

通过番茄小说赚钱的升级玩法

除了上述获取金币的方法之外，番茄小说还设置了阅读社区板块，为读者提供各种话题进行讨论，其中有一项活动同样可以变现，即"书荒推书"。大家总会遇到书荒的时刻，并且由于番茄小说里面的小说良莠不齐，所以大家都希望能看到别人的"避雷"书单或"必看"书单。

我们可以在番茄小说App的首页推荐找到并进入"书荒广场"（如图4-18），在番茄小说提供的话题帖子中，选择自己感兴趣的话题，推荐自己看过的私藏书单。后续可以在"个人主页"中查看自己"拯救书荒"的读者人数，15天之后可以在"创作中心"查看具体收益。如果自己发布的书单给读者持续带来"拯救书荒"，那么收益是会持续计算的。

因此，就算我们文笔不佳，无法成为作者，但是读书和推书两项任务对我们来说应该不难。只要长期坚持下去，既能享受看小说的快乐，又能收获推荐书目的收益，一举两得，何乐而不为呢？

图4-18

写作：

能把句子写通顺就能挣钱

在大众点评写评价，
就能参与"免费试"活动？

如果你觉得创作图文有难度，那我们也可以从简单的撰写评价入手。只要你点过外卖、用过快递，就一定对写评价不陌生，很多商家往往会采用返利的形式邀请你写好评。此时，千万不要嫌麻烦而拒绝写评论，因为我们可以通过在大众点评这个平台上参与"免费试"活动，收获免费的体验。

当你通过"免费试"活动写了足够多的评价后，大众点评会员等级也会得到晋升。随着会员等级的提升，你将享受到更多的特权和福利。例如，你可以优先预订热门餐厅的座位，享受专属的优惠活动，甚至还能获得一些商家提供的免费试吃或试用机会。接下来，我们就来了解一下如何参与大众点评上的"免费试"活动。

"免费试"的参与方式

何为"免费试"呢？其实就是大众点评举办的抽奖活动。大众点评上入驻的商家为了提升店铺评分，提高自己在平台上的推荐排名，会放出一批名额，请被抽中的用户来店里免费体验，留下好评。如果你在一线城市的话，几乎能在上面找到各种品类的免费试套餐，除了最基础的美食以外，还有拍照、理发、护肤、健身、培训等。而且从我的亲身体验来看，这类活动体验后一般不存在推销行为，毕竟他们希望你能够留下好评，吸引更多的顾客。

①免费试入口

下载大众点评App后，在首页就能找到"免费试"的专栏（如图5-1），点进去后就可以看到很多可以体验的套餐。只要你近3个月有过一条15字以上的评价，就可以在体验列表中挑选你想要尝试的活动套餐参与抽奖了。如果幸运地被抽中，账号绑定的手机号会收到短信通知，然后我们就可以登录大众点评，联系店家约定时间并前往体验了。

②免费试VIP资格

除了几乎人人都可以参与抽奖的套餐外，一些比较优质的套餐上都会写着"V专享"，"V专享"是需要VIP资格的，那么这个VIP资格该怎样获得

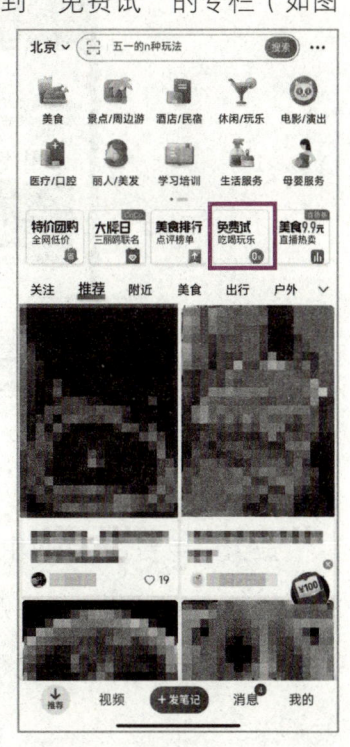

图5-1

呢？大众点评会不定期举办各种活动，积极参与这些活动可能有机会获得VIP 资格。比如邀请好友写评价，特殊节点的推广活动、新用户专属活动等。（如图5-2）。

图5-2

成为"免费试"的VIP后，不仅可以享受无限抽取免费试的资格，还可以享受VIP专属团购折上折。需要注意的是：每个月都要完成写4条100字以上评价的任务，才能一直享受VIP专享活动（如图5-3）。

图5-3

如何撰写评价

知道了如何参与"免费试"，很多人可能一看需要写100字以上的评价就望而却步了。其实100个字非常好写。只要遵循写评价的一些固定方法，就可以轻松达到这个字数要求。以下是几点可以描述的角度。

①店铺位置

可以写一些你在去往店铺的路上见到的真实情况，比如交通是否方便，地铁或公交能否直达，店铺的招牌是否醒目，是在街边还是在写字楼里。

②整体环境

对店铺内的整体环境进行评价，比如是否安静、整洁、舒适等。

③服务态度

评价服务员的服务态度，是否热情、细致周到等。一些服务人员也可能会请求你在评论里提及他们的名字，以增加接单的机会。

④服务内容

如果是餐饮类的"免费试"，可以对食物的口感和味道进行描述，比如软、硬、酥、滑、嫩、甜、咸、酸、辣等；如果是美容类的，可以说一些服务流程的感受、做完前后的对比变化等。

如何拍照

图文并茂的评价更吸引人，图片更加直观、更具吸引力。对于"免费试"评价来说，很多店铺会默认要求拍摄6张左右的图片上传。因此，好的照片是让评价内容更生动的关键。我们也可以有意识地练习拍照，以下是一些拍照技巧。

①拍食物

对于食物而言，我们可以从这几个方面入手。

角度：从不同角度拍摄，突出食物的外观。

光线：光线适中，避免强光直射在食物上，影响画面效果。

细节：捕捉食物的细节，可以突出食材的新鲜和独特之处。

②拍环境

一般我们也会拍摄一些店铺内的环境，以给其他人一定的参考，可以拍摄这些内容。

全景：拍摄餐厅的整体环境，展现给读者一个全景视角。

特色：如果有特色装修或者装饰，不妨特别突出。

③拍服务

除了以上内容外，有时我们也可以拍摄服务的过程，使评价更具真实性。

还可以拍摄服务员工作的瞬间，突显服务的细致和用心。如果有与服务员互动的瞬间，也可以拍摄下来。比如某些店铺会在上菜后由服务员点火，使食物瞬间融化或进行一些解说表演等。

小红书上"种的草"，
其实大多是软文

　　小红书作为一个展现生活方式的平台，不仅是用户发现潮流好物的地方，也是我们利用手机上网赚钱的沃土。为什么这样说呢？小红书主打真实的日常分享和"种草"，因此很多广告主会找一些粉丝不多的账号来做推广，也就是所谓的素人博主。很多你在平台上"种的草"，其实是品牌方打的广告。

　　在小红书上发布软文时，一部分商家会请你自主撰写，下面我们来看一下在小红书上发布内容的流程。

蒲公英平台

　　小红书App里有一个蒲公英平台，这是小红书为了这种商业场景专门设置的一个开放平台，商家和博主可以在蒲公英内建立合作。简单来说，如果有商家觉得你的账号内容符合他们品牌推广的要求，就可以通过蒲公英平台与你建立联系，沟通后按商家要求发布内容即可获得推广收益。不过开通蒲公英有一定的门槛，需要达到1000粉丝才会收到平台自动发送的邀请，收到后按平台要求注册即可。

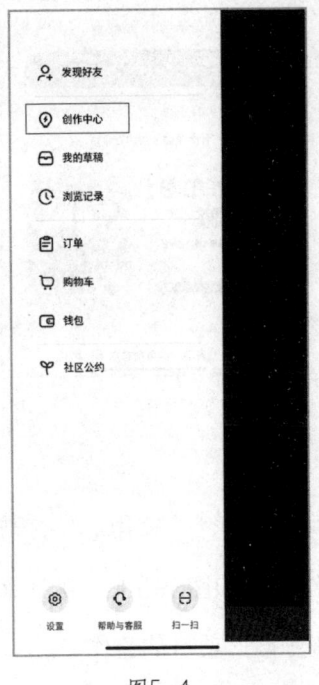

图5-4

图5-5

　　如果你想提前查看蒲公英平台的注册门槛，可以通过点击"首页—左上角三条横线的图标—创作者中心—更多服务—博主合作"（如图5-4至图5-6），在"开通合作中心"查看自己还需要满足哪些条件才能申请（如图5-7）。

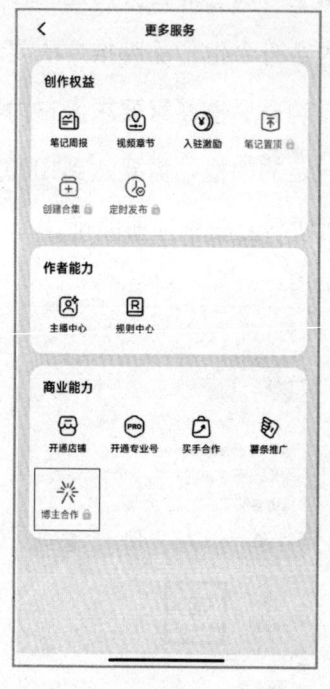

图5-6

图5-7

　　注册完毕后，图5-8的目录栏中会新增"合作中心"，我们点击进入"合作中心"再前往"博主合作"（如图5-9），接下来就可以在合作广场中选择合适的商家进行商业推广项目的合作了。

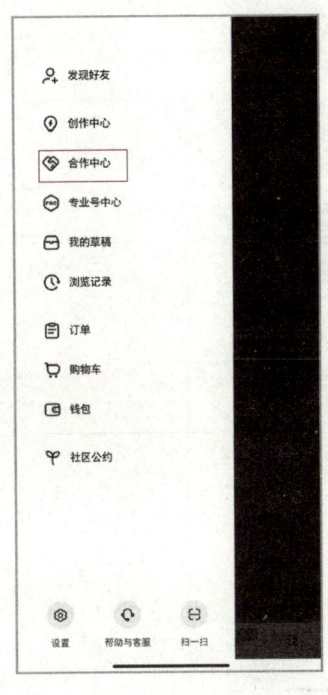
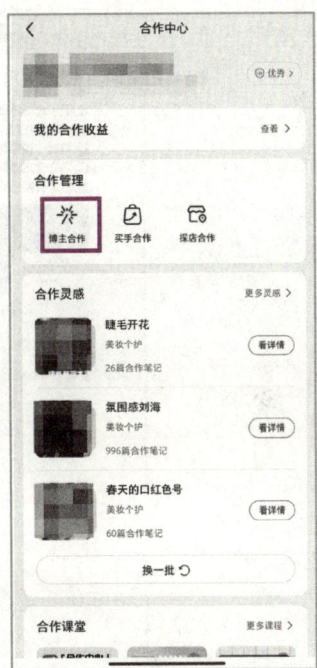

图5-8   图5-9

寻找软文发布任务

　　注册蒲公英有着粉丝数量要求，但前文说过，很多品牌方会广泛寻找素人博主，因此即使是刚注册的零粉丝用户也有机会。通过这些软文合作，我们可以在获取收益的同时，慢慢积累粉丝数量，满足开通条件后再开通蒲公英平台。那么这些软文发布任务该去哪里找呢？

　　①关注品牌和商家

　　主动关注你感兴趣的品牌和商家，他们通常会在微信公众号、官方运营人员的微信朋友圈（如图5-10）、微博等平台发布软文任务。

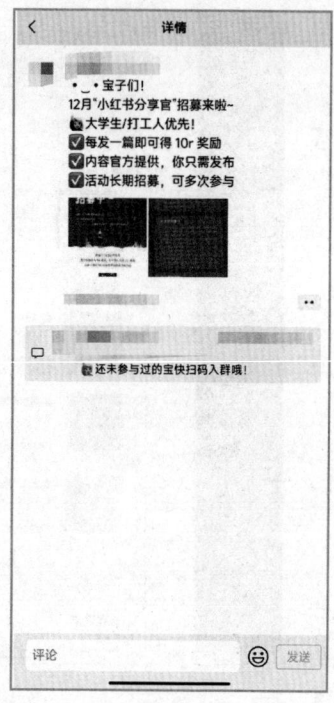

图5-10

②参与兼职小组

小红书、豆瓣等平台有很多发布软文任务的兼职小组，加入这些小组就可以及时获取任务信息。但是需要擦亮双眼进行甄别，避免被骗。

给微信公众号投稿赚钱

微信公众号是一个汇聚了各行各业优质内容的平台，作为读者，你可以从中找到涵盖文学、科技、生活等领域的精彩文章；作为创作者，你有机会将自己的见解和经验分享给读者。

微信公众号是许多创作者追求流量的首选平台，他们可以在这里开设自己的账户发表观点，并通过打赏获得一定的收益。然而，随着微信公众号的不断发展，经历了大浪淘沙的过程，许多公众号被淘汰，但仍有许多优质的公众号脱颖而出，稳固了它们的地位。

如果你没有信心现在入局创建个人微信公众号，担心自己没有毅力每天发布优质内容，那么可以尝试给现有的优质公众号投稿，以赚取稿费。

投稿注意事项

在投稿前，我们需要了解一些通用的注意事项，避免盲目投稿，否则既浪费了辛苦写稿的时间，又难以得到想要的报酬。需要注意的有以下几点。

①稿费机制

我们首先要了解的，当然就是稿费了，毕竟我们的目标就是赚取酬劳。公众号的阅读特点是碎片化，就是读者利用零碎时间阅读公众号的文章。因此，投稿字数要求一般不会太高，基本单篇是1000～3000字，稿酬通常是按单篇结算的，价格由几十元到几百元不等。结算方式有的是买断，也就是一次性付清；还有的是先付一部分，后续会根据该篇文章的阅读量再给分红。在投稿前，我们需要仔细阅读想要投稿的公众号的稿费机制，以确保自己的劳动得到应有的回报。

②文章内容

看完大家最关心的稿费，我们接下来需要关注的是公众号的征稿类型。每个公众号都有不同的内容定位，当然需要征集符合定位的内容。比如有的公众号是历史类，就会征集历史人物传记、历史小故事；有的是校园生活类，就会征集校园情感、学习技巧等内容的稿件。我们需要选择自己擅长的领域，筛选对应的公众号进行投稿。至于文稿质量方面，我们需要注意的是要保持稿件的原创性和格式的规范性，以提高通过率。额外要注意的是：尽量不要一稿多投，可以待收到明确的拒稿回复后，再转投其他公众号。

如何寻找征稿信息并投稿

那么这些开放征稿的公众号在哪里找呢？如果你有经常阅读的微信公众号，可以去该微信公众号的首页查看一下，那些开放征稿通道的公众号通常会在公众号内设置征稿专栏，一般可以在该公众号首页的下方寻找"投稿"入口（如图5-11），或在后台回复"投稿"，就可以获取投稿信息了。

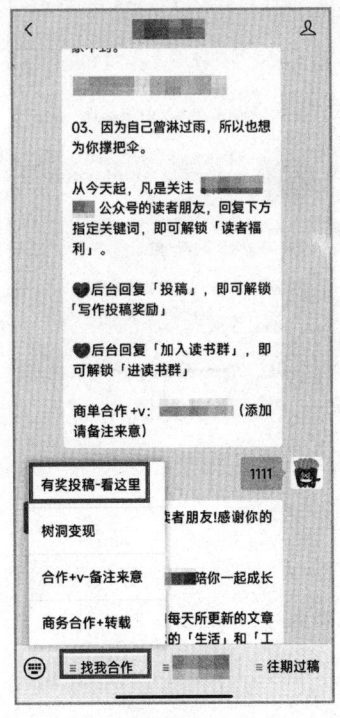

图5-11

如果你没有熟悉的公众号也别急，我们可以去微信、小红书、豆瓣等平台上搜一搜（如图5-12），常常会有一些被整理好的、可投稿的公众号名单的推荐文章。

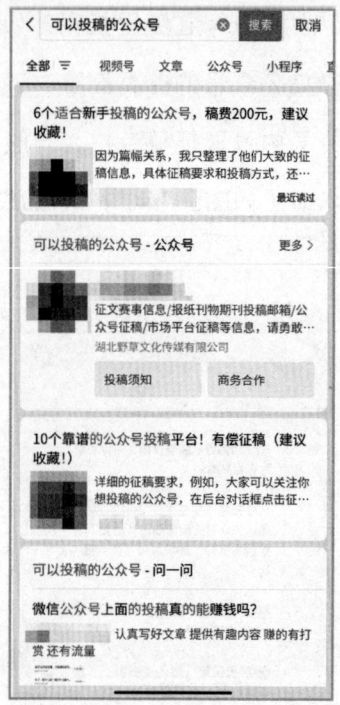

图5-12

杂志社投稿，稿费比你想象的多

提起杂志，相信你头脑里一定会不由自主地跳出一些名字，如《意林》《读者》《青年文摘》等。杂志社也随着时代的发展推陈出新，推出了电子刊物。并且，杂志社的稿费相对多一些，投稿被选中后，除了稿费外，还会收到一本样刊作为纪念。更值得一提的是，当你的稿件在杂志社发表后，如果该内容被其他刊物引用，你还能获得一笔额外的转载费。

随着科技的不断发展，杂志社的投稿方式也在不断地更新和升级。如今，许多杂志社都开设了网络投稿渠道，我们可以通过手机等设备随时随地进行投稿，极大地提高了投稿的便捷性和效率。

网络投稿渠道通常包括电子邮件、社交媒体平台等。通过这些渠道，我们可以将自己的作品以电子文档的形式发送给杂志社，无须再像过去那样邮寄纸质稿件。这样不仅节省了时间和成本，还减少了邮寄过程中可能出现的丢失或损坏的风险。

投稿给杂志社的注意事项

在给杂志社投稿之前，我们需要了解关于稿费、文章内容等的注意事项。

①稿费机制

不同于公众号，杂志的稿费通常是按每千字多少元这样的模式计费，稿酬是每千字100元至800元。也就是说，如果你写了一篇5000字的稿件给杂志社投稿，被选中发表后，就可以获得500元至4000元的收入。

②文章内容

不同的杂志社有着不同的内容定位。类似《故事会》这类的杂志，就会征集一些有反转、有深意的故事；类似《花火》这样的杂志，更多的就是征集恋爱故事了。除了这类字数不过万的短篇外，一些杂志社也会征收3万至5万字的中篇小说。一旦被选用，这些小说不仅有可能在杂志上连载，还可能被作为独立的作品进行出版。如果你更擅长写长篇故事，也可以试试向这类杂志投稿。投稿前如果有条件的话，可以先去购买几本该杂志社之前出版过的杂志，自行阅读一下，了解其风格。毕竟不同杂志偏好的文风也有所不同，我们需要找到适合自己文风的杂志，再进行撰写和投稿。与公众号相比，纸媒类会更加严格一些，所以写稿时的格式、字数等要按照要求，同时尽量减少错别字，不然很可能会遭遇退稿。

如何寻找征稿信息并投稿

一些杂志会在内页专门附上编辑的邮箱等联系方式，我们可以直接将写好的稿件发至编辑的邮箱。如果你想做足准备，可以先去网上搜集一些信息，看看有没有给该杂志投过稿的作者分享经验。

此外，很多杂志开通了相应的微信公众号，我们可以直接在微信里搜索杂志的官方微信公众号，一般在其公众号首页就能找到投稿入口。

值得投稿的杂志社

以下是一些值得投稿的杂志社，它们的知名度较高，稿费方面也有着不错的待遇，通常是每千字至少百元。

①《意林》

征稿类型：通过故事、经历、现象等，阐述道理或观点。

字数要求：无强制要求

②《羊城晚报》

征稿类型：散文、诗歌、随笔、纪实文学、微故事等。

字数要求：不超过2000字

③《奇想岛》

征稿类型：中国传统节日、节气、民俗、神话等相关故事。

字数要求：2000～3000字

④《格言》

征稿类型：故事、史记、散文、书信体小说等。

字数要求：1000～4500字

⑤《花火》

征稿类型：校园、职场，古代背景下的亲情、友情或爱情故事。

字数要求：7500～9500字

知乎短篇，开启写小说的第一步

最初，知乎是一个专注于知识交流的问答平台。然而，随着时间的推移，一种以"以××为开头写一篇故事"的提问形式逐渐流行起来。这种独特的提问方式催生了一种具有平台特色的小短文，它们通常以第一人称视角叙述，迅速在知乎上获得了广泛关注，并诞生了许多优秀的小说作品。知乎平台也顺势而为地开拓了"盐选作者平台"，将一些好的短篇小说作品收纳其中。读者想要阅读全文，就需要开通盐选会员，那么作者也可以获得相应的收益分成。

投稿注意事项

想在知乎上通过写短篇小说赚钱，可不是直接发布文章就可以的，只有跟官方签约后才会有收入。以下是在知乎上投稿应注意的事项。

①稿费机制

前文介绍的微信公众号、杂志社等都是比较确定的收益，只要编辑确认收稿，就会按给出的价格给你稿酬。但知乎这种平台不是这样，一般来讲是在你的作品上架盐选专栏后，看有多少付费读者阅读了你的作品，这部分收益由作者和平台五五分成。当然，优秀的作品有可能卖出影视版权，近几年小说翻拍电影、电视剧的市场也很火热，如果你的作品卖出了影视版权，就会有更多收益。

②文章内容

知乎平台的小说目前已经有了固定的方法，被称为"知乎风短篇"。这些小说的内容基本以短篇为主，叙述方式为第一人称。开头一般会有一小段精彩的引入，包含多个反转，以吸引读者点开你的作品。作品字数基本在1万～3万字之间，剧情节奏推进得较快，因此我们在创作时应避免过多的次要情节，突出核心情节，保持故事的紧凑性。语言方面要尽量避免冗长的叙述，保持语言简练有力，力求言之有物。至于题材类型基本是没有限制的，知乎的用户群体较大，各类内容都有对应的忠实读者。因此，不管你写的是古代言情、现代言情，还是悬疑、科幻等，均可以尝试投稿。

投稿方式

知乎上的官方投稿方式主要有以下两种。

①在"盐选作者平台"直接投稿

注册知乎后，我们前往"盐选作者平台"，点击"创建作品"（如图5-13）就可以开始投稿了。需要注意的是，以上操作在网页端更为直观。如果App内没有直接入口，可以尝试使用手机浏览器打开知乎网页版，并登录你的账号。找到并点击"创作中心"，找到"盐选合作"入口投稿。

图5-13

②在故事类问答下先行写作

　　我们可以在知乎上找到一些故事类的问答，也就是我开头提到过的那种"以××为开头写一篇故事"的提问。这些提问有的是用户提出的，有的是知乎官方提出的，以推荐他们的盐选专栏的短文作品。

在这些问答下直接进行回答，发布你的故事作品，可以获得最直接的读者反馈。当你的作品获得一定的点赞量后，你很可能就会收到官方的邀请，签约成为盐选专栏的作者。

但以上方式不管哪一种，稿费的结算周期都会比较久。因此，急于变现的人可以选择第三方平台。所谓的第三方平台就是工作室，他们通过收稿、统一发布的形式培养自己的知乎作者账号；或者通过低买高卖的形式赚取收益。对于投稿的作者来说，这样的合作模式类似给微信公众号或杂志社投稿，只要稿件通过，就可以很快收到稿费，不过可能会失去你的署名权，因此要根据自己的需求慎重考虑。

此外，随着知乎短篇的流行，一些长篇小说的网站也开设了对应的短篇分类，如果未通过知乎的筛选，也可以试试转投其他平台，如喵阅读、番茄小说等。

6

有毅力、有创意？去写长篇小说

　　前面介绍的基本是短篇小说的投稿，如果你有毅力、能坚持，可以尝试创作一部长篇小说。对于经常在网上阅读网络小说的人来说，唐家三少和我吃西红柿等作者的名字肯定不陌生。他们凭借自己创作的长篇小说，年收入轻松超过千万元，甚至达到上亿元！特别是在最近几年，随着小说影视化的趋势日益盛行，诸如《凡人修仙传》《全职高手》等作品不仅被改编成了电视剧，还衍生出了一系列的漫画、动画等作品。这些作品的版权收入是独立于稿酬之外计算的，其报酬非常可观。然而，这些成功案例属于站在行业金字塔顶端的作者。对于普通人来说，刚刚踏入这个行业时，收益可能没有那么丰厚。但只要坚持不懈地努力，维持基本生活水平并非难事。而且，一旦创作出一部畅销作品，就有可能直接实现财务自由。

投稿应注意的事项

目前，市场上的网络文学平台众多，每家平台的稿费收益和分成方式可能略有不同，但是基本内容大致相同。下面我们详细了解一下。

①稿费机制

长篇网文的稿酬基本是以分成为主，跟平台的分成比例大多为五五分左右。长篇网文往往是几十万字甚至几百万字，这也就意味着如果没有其他收益的话，你的付出很可能得不到很高的收益。因此，很多平台除了会员的订阅分成外，还有一些保底机制，包括全勤奖、广告流量分成收益等。在开始写作前，一定要先了解目标平台的网文收益模式有哪些，避免做了无用功。

②文章内容

首先，我们需要考虑文章类型及对应的受众，看网文的读者大多只是想轻松一下，所以"爽文"往往经久不衰。而长篇小说和短篇小说不同，很多短篇小说中不需详细介绍的内容，在长篇小说中就需要交代清楚，因而需要合理地划分章节，使读者阅读每一章时都有所收获，保持阅读兴趣。这就需要在写作前有一个明确的目录大纲，很多编辑在收稿时也会要求你提供目录大纲一并审核。其次，因为篇幅足够，所以要仔细琢磨文中人物的人设，赋予每个主要人物独特的性格特点，以增强辨识度。尤其是主角，一定要在你的故事中有明显的成长轨迹，才能增加故事的吸引力。在情节方面，也需要设计一些悬念反转情节，增加阅读欲望，吸引读者为寻求结果而持续阅读。

投稿方式

这些长篇小说网站的投稿方式基本和知乎类似，一种是先找到编辑的联系方式，准备好几千字的样章和目录大纲直接内投；另一种则是直接在网站上发表，到达一定的字数或热度后，就会有编辑来联系你签约。不同网站的签约模式有所不同，有的网站是签约作品，就是只签约你的这一本书，如果你有其他作品，也可以发布到其他网站。有的网站是签约作者，在合同中会说明，你在多少年内，不能在其他网站上发表作品。签约前一定要问清楚签约方式，避免产生法律纠纷。

投稿的平台

长篇小说App有很多，下面我简单介绍一些。在投稿前也可以先去了解目标网站的排行榜作品，以了解该网站的主推风格。

起点读书：中国最大的原创文学阅读平台，各类风格的作品都有，以男频小说为主。

晋江小说阅读：以言情小说为主的平台，女频小说中影视化的作品大多源于此。

番茄小说：字节跳动旗下的小说平台，读者可以免费阅读上面的作品。

七猫小说：和番茄小说类似，都是读者免费阅读的小说平台，主要靠广告获取流量收益。

剧本杀，年轻人都爱玩的新产业

　　剧本杀是一种融合推理、解谜和互动的游戏。通常，参与者将扮演剧本设定好的角色，通过互动和推理，解开一个虚构案件的谜底。随着《明星大侦探》《萌探探探案》这类剧本推理明星真人秀综艺节目的爆火，这种游戏在年轻人群体中迅速风靡，吸引了越来越多的参与者。剧本杀游戏能为玩家提供更多的互动，并且游戏中的剧情和众多线索满足了年轻人对推理和解谜的兴趣，因此非常有吸引力。

　　这种推理类的游戏其实非常缺乏内容优质的剧本，因为在知晓谁是凶手后，玩家很难再次沉浸式地体验内容相同的剧本。如果你热衷于推理，有一定的写作功底，就可以尝试创作剧本杀的剧本。

投稿注意事项

与之前介绍的一些已经发展了十几年甚至更长时间的小说创作平台不同，剧本杀是一个相对较新的领域。除了剧本本身之外，还需要考虑配套的美术、发行、测试等环节。这些流程的复杂性很容易导致剧本的最终失败。因此，在投稿剧本杀之前，我们需要先了解一些需要注意的事项。

①稿费机制

和网文写作有一定的相似，一般剧本杀的发行机构会有三种与剧本杀作者的合作方式：买断型，即一次性地支付给作者报酬，作者无法享受后续的销售利润；分成型，即按销售利润分成，如五五分、四六分、三七分；混合型，也就是先行支付一定的报酬，同时作者也可以享有后续的销售分成。

剧本杀还有一些特殊的授权机制。比如，可以独家授权给某一家剧本杀店使用，这样店家保证了自己店铺剧本的独特性，从而愿意支付更高的报酬，单本价格约2000～5000元。还可以授权给每个城市的3～5家限定店铺，保证特殊性的同时也可以打开销路，单本价格约1000～3000元，如果本子比较受欢迎，赚取的收益也会更多。最后一种就是盒装售卖，也是最常见的一种，单本价格约300～700元。盒装售卖走的是薄利多销的路，如果剧本爆火，作者不仅可以拿到一笔不菲的收益，还能更好地提升自身的知名度。

②文章内容

剧本杀虽然基本都是推理类，但也有着不同的侧重，目前市面上比较火的类型有三种：情感本，主要是让玩家在角色扮演中体验不同的人生和情感，一般结局都是比较悲伤的，推理部分仅在其中起辅助作用；硬核本，以推理为主，逻辑要求更为缜密，需要让玩家抽丝剥茧，慢慢推理出最终的真凶；机制本，这种类型主要以游戏机制为主，一般剧情比较轻松，让玩家在一个欢乐的氛围中完成游戏。

至于内容方面，和创作小说不同，每一位拿到剧本的玩家都是自己的主角。一般玩家会在6人及以上，因此对于同一个案件，需要从不同角色的不同视角来叙述。在写剧本杀剧本之前，我们首先需要设定一个清晰的故事框架。明确案件背景、涉案人物以及案件发生的时间和地点。其次，也要创造吸引人的角色，每个角色都应该具有独特的性格和动机。通过巧妙的角色设置，增加玩家的推理难度和游戏趣味。而剧本杀的魅力就在于巧妙的线索设置和出人意料的剧情反转。我们需要在剧本中精心编排这些元素，以激发玩家的兴趣。最后，我们还要确保剧本中有足够的互动环节，让参与者可以更深入地融入故事情节之中。

可以投稿的平台

网上有很多私人工作室、第三方平台收稿，大家可以在搜索平台自行搜集，但要小心避免被骗稿！在这里，我推荐在百变大侦探App和我是谜App上投稿，这两款App方式简单，相对安全可靠。

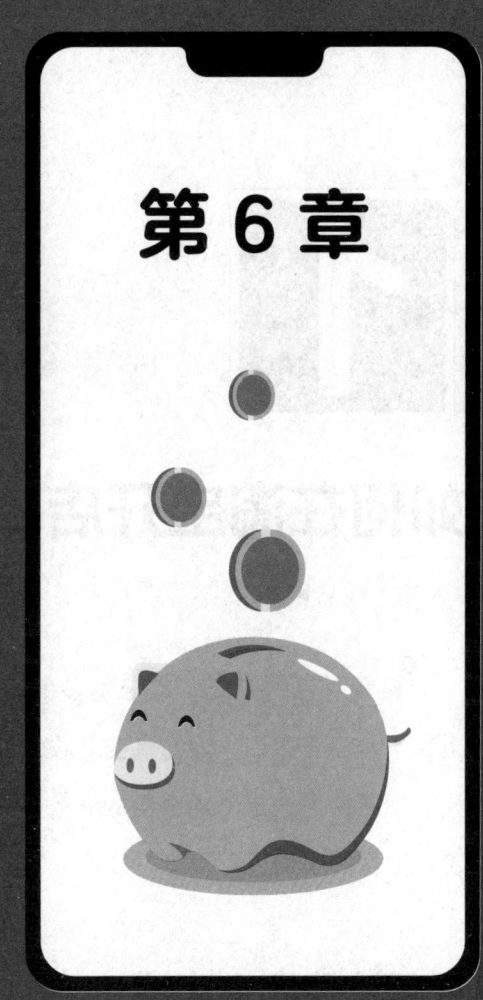

开店：

不妨开个网店赚钱

如何在淘宝开店

随着时代的变迁，越来越多的人开始青睐网上购物。尽管众多电商平台竞争激烈，但在淘宝开设店铺经营副业仍然是一个不错的选择。不要认为这是一项艰巨的任务，只要掌握了正确的方法和技巧，选择适合的品类进行销售，成功运营一家店铺并非难事。

如何注册淘宝店铺

登录淘宝App之后，在"我的淘宝"界面上点击"设置"，进入"商家入驻"页面，就可以找到"淘宝开店"选项了（如图6-1和6-2）。

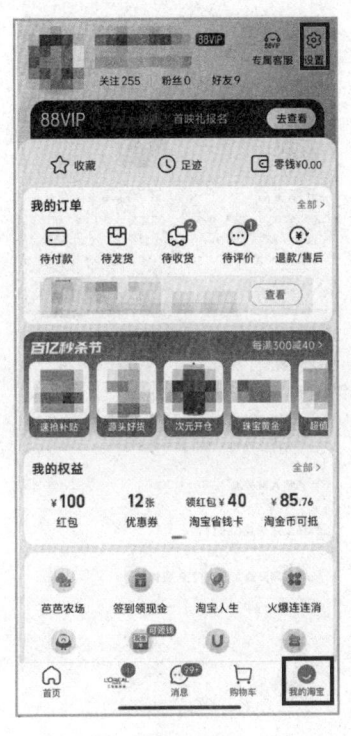

图6-1

图6-2

　　完成实名认证后，即刻就可以成功开通自己的淘宝店铺了。不过现在淘宝将商家端都集中到了千牛App中，千牛App是阿里巴巴集团专为淘宝、天猫等电商平台的商家打造的一款综合工作平台软件。它集合了商品管理、交易管理、客户服务等多种功能于一体，能帮助商家更加高效、便捷地经营店铺。下载千牛App（如图6-3）后，首页可选择在淘宝或天猫开店（如图6-4），按照流程提交入驻资料，完善店铺信息，进行资料认证，等待官方审核，审核通过后就可以在店铺发布自己的产品了。

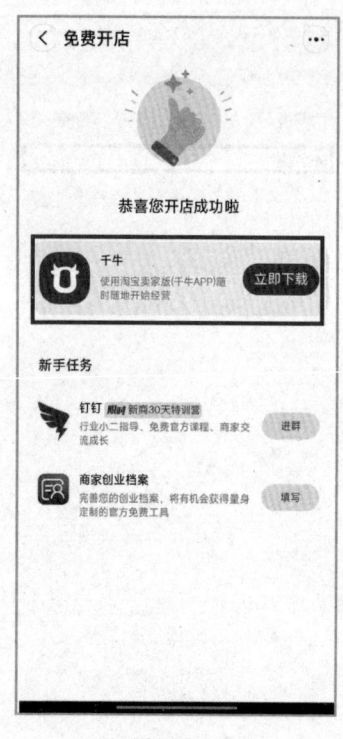

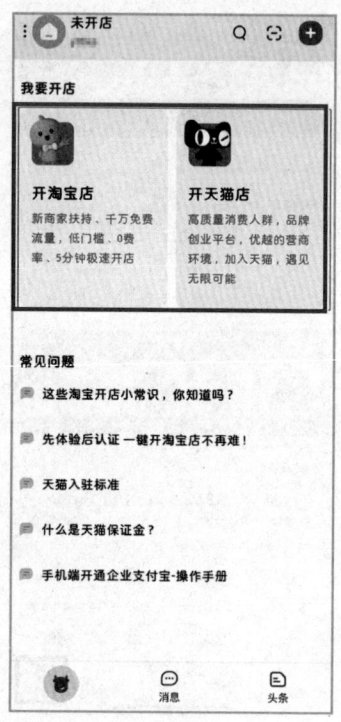

图6-3　　　　　　　　　　　图6-4

如何选择产品

在选择产品之前，先要确定店铺主营的品类，比如女装、家纺或小饰品等。确定主营品类之后，我们就可以开始寻找货源、采购产品了。在这里建议大家找厂家拿货或者是直接去批发市场拿货。至于首批的上架数量，我建议大家先采购3至5款宝贝，然后慢慢寻找更适合自己店铺风格和定位的产品，后续再做优化。

在正式上架这些产品之前，我们还需要确定产品的属性和价格，也就是我们所说的标题和主图。在开店的时候，可以参考销量高的爆款产品的标题，然后根据自己产品的特点和店铺的实际情况，进行修改和优化之后再上传。

想要店铺火爆，选品非常重要，可以参考以下两点建议。

①热门、冷门相结合

热门产品自然是比较容易产生销量的，但是决定用户是否关注你的店铺，可能靠的恰恰是一些比较冷门、小众的产品，让你的店铺有一定的独特性。

②产品的类目要保持一致

我们要选择适合自己店铺定位的产品，比如自己店铺是卖女装的就不要选男装或童装了，店铺产品的类目不统一就很难卖出好的业绩。

如何在拼多多开店

　　拼多多是国内领先的移动互联网电子商务平台之一。自2015年成立以来，拼多多凭借其独特的团购模式，让用户能够与朋友、家人或邻居共同购买优质商品，以更优惠的价格获得心仪的商品。尽管拼多多曾一度被视为廉价商品的代名词，但通过实施百亿补贴计划和吸引知名品牌入驻，它成功地改变了公众对它的看法，成了许多追求实惠的消费者的心头好。

　　目前，拼多多的商家遍布全国各地，无论是一二线城市，还是三四线城市，甚至是偏远的乡村地区，都有很多拼多多的用户。因此，我们也可以尝试在拼多多开一个网店。

在拼多多开店的前期准备

在拼多多开店前，我们需要先了解入驻流程，以便快速上手。

①准备资料

首先，准备好入驻资料。个人店需要上传大陆身份证原件人像面和国徽面照片，进行实名认证；个体工商户还需上传属于入驻人本人的个体工商户营业执照。建议大家在注册前要提前准备好需要的材料。

②安装并注册拼多多商家版

在拼多多开店需要使用拼多多商家版App。我们可以在手机的应用商城内搜索"拼多多商家版"（如图6-5），安装完成后，点击"0元开店"（如图6-6），根据提示，提交相关资质、填写店铺名、上传logo等相关信息就可以创建店铺了。需要注意的是，店铺名字在入驻后不可修改，因此一定要提前把店铺名考虑好。

③提交审核

经过上一步信息填写以后，我们提交官方审核即可。个人店铺及普通企业店铺审核时效为2个工作日，旗舰店、专卖店、专营店审核时效为3个工作日。审核通过后，我们会收到通知，接下来即可前往拼多多商家版开始致富之旅。

图6-5   图6-6

开店前期准备

拼多多是以商品为主，而不是以店铺为主的平台。因此，在拼多多开店时，我们可以主要聚焦于精选和优化商品，而不太需要考虑店铺商品的一致性。需要注意以下几点。

①选品

在拼多多平台开新店，商品的选择非常重要。商品选得好，流量蹭蹭涨。新手可以选自带流量的商品，比如冬天时北方特别火的"小鸭子夹雪器"，尽管新店没有粉丝量，但是通过商品本身的热度，可以给新店带来流量。

从目前来看，适合在拼多多做的品类大致有：女装、手机配件、家居装饰、美妆、食品等。在选品时，建议从自己熟知的领域出发，选择一些自己擅长的种类，并结合流量商品，进而打造属于自己店铺的精品和爆品。

②货源

对于产品货源，通常存在两种情况：有货源和无货源。

如果是自己有货源，就需要完成商品的设计、成品拍摄、包装制作、宣传文案的策划等，当有订单时还需要打包用快递发货。前期需要花费较多时间弄清楚商品制作流程，同时订单量较少，利润较低，再加上快递费用成本，可能会出现亏损。但是后期流程熟悉了，选品做好了，经营效益就会好很多。同时，如果有销量的爆发，对于快递成本方面也可以和快递公司进行议价。

无货源模式比较省心，主要通过第三方获取货源，当自己的拼多多店铺接到订单后，只需要前往第三方平台（如阿里巴巴批发网等平台）付款下单，由第三方承包发货，再把快递单号填写到拼多多平台即可。在这种模式中，你只是商品流通环节中的一个中介角色。

③维护和提升店铺信誉

维护和提升店铺信誉是至关重要的任务。为了实现这一目标，我们可以充分利用拼多多平台的各种资源，如活动专区和品牌馆，以及社交媒体平台如微信和微博，来进行有效的店铺推广，从而提高店铺的曝光率。同时，积极参与拼多多的优惠券策略也是吸引顾客流量的有效手段。通过合理的曝光方式和宣传渠道，我们可以有效地提高店铺的曝光率和用户订单的转化率。

此外，由于拼多多用户非常关注其他用户的评价，因此做好口碑营销至关重要。我们应该积极展示用户的好评，并通过提供优质的产品和有趣的活动来进一步提升店铺的知名度。这些措施都是确保店铺成功的关键因素。

3

如何在抖音开店

字节跳动也开始将更多的资源投入电子商务领域，尤其是通过其旗下的抖音平台。这一举措不仅为消费者提供了新的购物渠道，也为商家和品牌创造了新的市场机会。

在抖音平台上，商家可以利用巨大的流量优势以及低成本的用户获取策略来推广和销售产品。得益于抖音平台的支持和较低的运营成本，抖音小店已经成为商家吸引流量的理想之地。

当然，想要做副业的人也可以利用抖音的电商功能。通过开设抖音小店，在自己的抖音账号上展示和销售商品，参与电商活动，选择现有的热门商品，为自己的商品橱窗吸引潜在买家。

在过去，我们需要至少发布10条抖音作品，拥有至少1000个粉丝，交500元的保证金，同时满足这三个条件才能开通商品橱窗。但现在零粉丝量也可以开通，正是入局的好时候。

如何开通抖音商品橱窗

首先，我们打开抖音App，在首页导航栏点击"我"，进入用户管理界面，然后，点击右上角的三条杠（如图6-7），找到"抖音创作者中心"（如图6-8）里的"涨收入—电商带货"并点击"去开通"（如图6-9），即可进入抖音电商的申请页面（如图6-10）。申请需要账号进行实名认证，若此前没有实名，那么点击"立即加入抖音电商"的按钮，就会跳转到实名认证界面了。

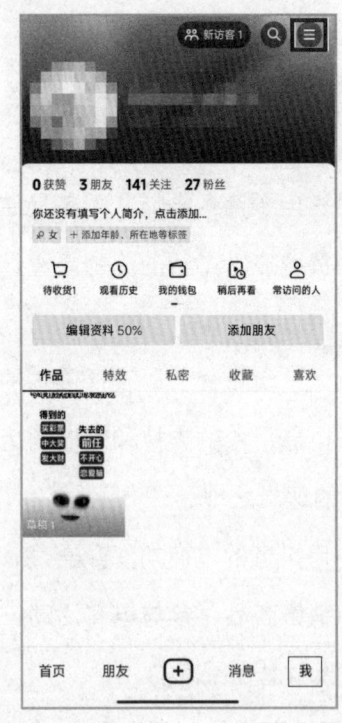

图6-7

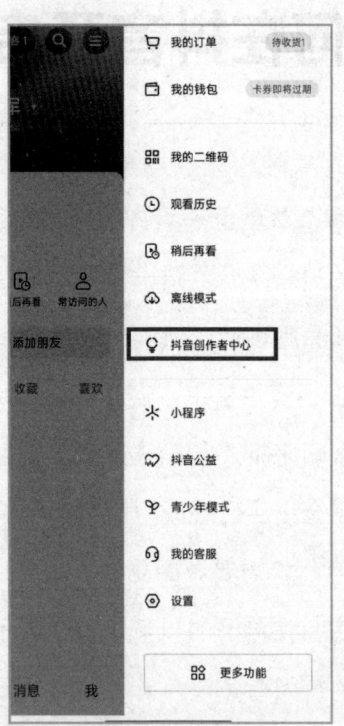

图6-8

图6-9

图6-10

需要注意的是，当我们粉丝数量不足500个时，只能开通橱窗带货权限。等到粉丝数量超过500个，次日就可以开通图文带货和视频带货功能。也就是我们网上常说的发视频"挂小黄车"功能，这样用户在刷到你的带货视频后，如果被打动，就可以直接点击你的带货链接下单了。

完成实名认证后，需要根据实际情况选择你的主体类型入驻（如图6-11）。目前，抖音商品橱窗入驻有三种类型：个人店、个体店、企业店。如果你是以个人的身份入驻，那么勾选"个人"并点击填写带货"资质"后，就可以进入个人的填写带货资质信息页面了。上传你的身份证正反面照片及具体信息后，点击"提交审核"即可（如图6-12）。

图6-11

图6-12

下一步则是开通收款账户环节，在这里我们填写个人的账户信息，提交后大约15分钟后完成审核。

如果你是以个体店或者企业店的身份入驻，则需要上传营业执照和经营者信息。待资质审核通过后，在开通账户环节，选择开通的账户类型，填写账户信息，等待账户开通审核即可。

如何为抖音带货选品

在为抖音带货选品时，可以直接在抖音的精选联盟里进行挑选。找到选品广场里的"热推榜"，选择你想要带货的品类（如图6-13）。只要商品的佣金不少于20%，近3天的销量呈现上升趋势，商铺的体验和物流体验也都是80分以上，就可以纳入选品的考虑范围。

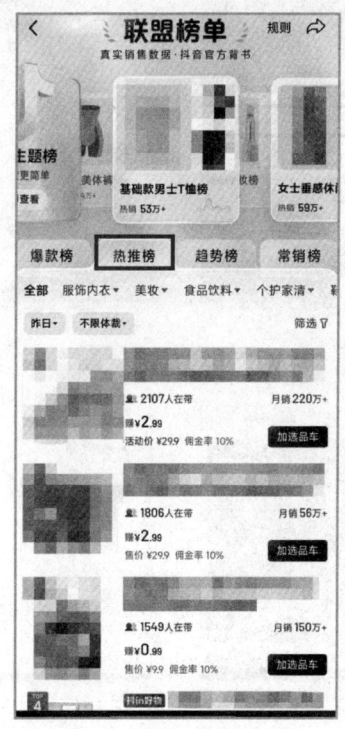

图6-13

我们选择的商品也不能背离自己的粉丝画像。怎么看自己的粉丝画像呢？我们可以打开"抖音创作者中心"（如图6-7和图6-8），点击"7日账号数据"右侧的"详情"（如图6-14），进入"数据中心"后，点击"粉丝分析"（如图6-15），就可以看到分析粉丝关注来源的数据，你可以更好地了解你的受众群体，从而推断出哪些产品可能更符合他们的需求和兴趣。在选品时，尽管流行趋势是一个重要的因素，但更重要的是确保所选产品与你的粉丝群体的特征相匹配，而不是盲目追求热度而忽视粉丝的实际需求。

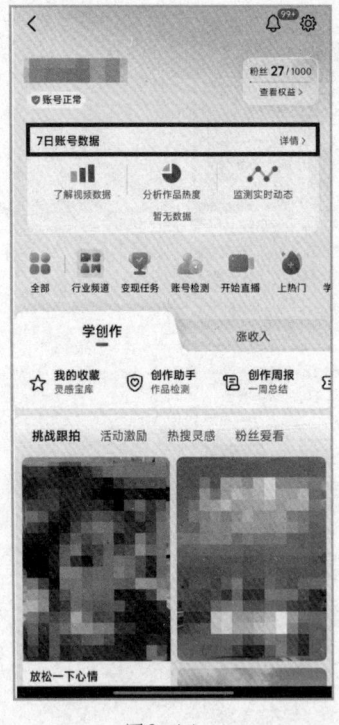

图6-14   图6-15

4

如何在小红书开店

　　小红书拥有独特的社交电商模式和强大的内容分享功能。与传统的电商平台如淘宝、京东、拼多多等相比，小红书更注重内容的创造和分享，用户可以在这里发布各种推荐、产品评测等内容，这使得小红书逐渐发展成为一个重要的信息检索工具，类似于微博的影响力。

　　此外，小红书上的用户群体通常具有较高的消费能力和强烈的消费意愿，他们更愿意为高品质的产品和服务买单。这种消费行为的差异性，使得小红书在电商领域中独树一帜，吸引了大量年轻人的关注和喜爱。因此，可以说小红书凭借其独特的内容分享属性和高质量的消费者群体，成功地在电商市场中脱颖而出，成为年轻人喜爱的购物平台。

无论你是刚开始尝试副业的新手，还是已经有一定电商经验的从业者，只要你愿意投入时间和精力，就有机会在小红书平台上获得收益。

如何在小红书开店

我们要先注册一个小红书账号，在首页点击左上方的三道杠（如图6-16），找到"创作中心"（如图6-17），点开"全部服务"（如图6-18）后，在收益变现里找到"开通店铺"（如图6-19），就可以进入开店的申请流程了。

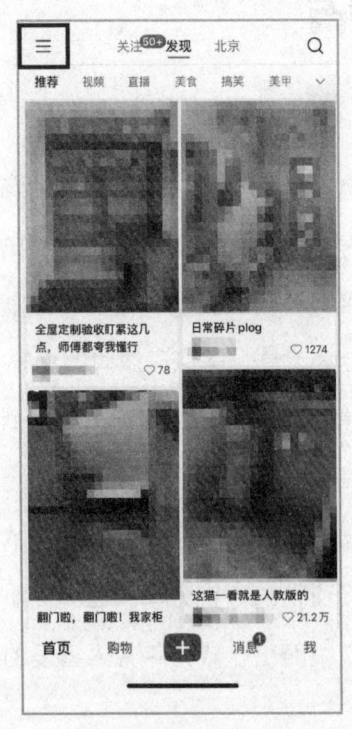

图6-16

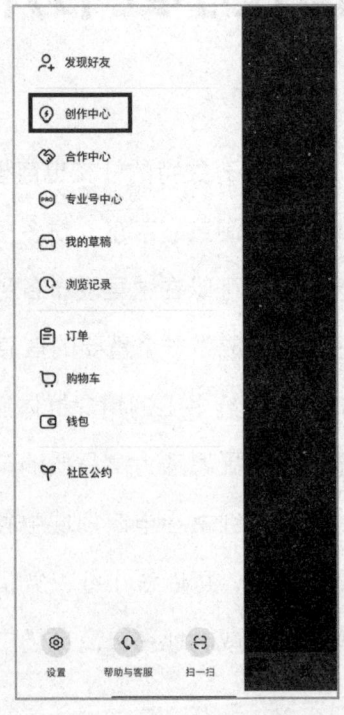

图6-17

图6-18

图6-19

可以按照你的实际情况，选择个人身份或个体工商户。

个人身份无须上传营业执照，只需要上传店铺持有人的身份证，进行人脸验证即可，并根据情况勾选"免于市场主体登记证明"，填写店铺信息，选择售卖的商品类型及经营类目，填写店铺运营人的个人信息后，输入手机中收到的短信验证码就可以提交申请了。

个体工商户需要多一步上传营业执照的步骤。

需要注意的是：个人店是一个人只能开一个店铺；个体工商户是一个营业执照可以开三个店铺；除特殊品类外，个人和个体工商户的店铺保证金都是1000元/店，且个体工商户需要缴纳相应的店铺年审费用。

如何选品

开通小红书店铺后，就可以进行商品上架了。在选择要销售的商品时，应该考虑当前的流行趋势和目标用户的特点，挑选那些性价比高且受欢迎的商品，以此吸引更多的自然流量并激活平台上的互动。

从用户的角度出发，小红书平台的主要用户群是追求时尚的年轻人，特别是年轻女性，这些用户更偏爱精致和小众的风格。因此，在选择商品时，我们应该倾向于那些符合这种审美的商品，以满足目标用户的需求和喜好。

从产品的角度出发，要观察其他平台热卖的且竞争相对较小的产品。这样的产品有很高的搜索量，很容易成交。

开店前期不需要囤货，我们可以在第三方平台（如阿里巴巴批发网等）中寻找优质的源头卖家，他们可以提供详细的商品图和详情介绍。

在小红书上开设店铺实际上并不复杂，特别是在当前这个竞争相对较小且平台政策鼓励的时期，感兴趣就立刻行动起来，趁早入场。

如何开通微店

微店是由腾讯推出的电商平台,专注于为商家提供基于社交关系的开店服务。该平台旨在帮助商家拓展和维护客户关系,提高经营效率,并在社交电商领域取得成功。在当今的数字化时代,越来越多的人希望通过开展小而美的副业项目来实现多元化收入,成为所谓的"斜杠青年"。如果你正在寻找一个低成本、低风险且回报可观的副业项目,那么微店无疑是一个值得考虑的选择。

如何在微店上开店

在微店上开店不仅免费,而且开店的流程非常简单。在微店官网上,只需填写手机号,便可完成开店。不过,虽然微店免去了一些复杂的流程和手续，但是开店还是有一定的要求的。微店对开店的要求如下。

● 实名认证：开店前要准备好身份证。

● 年龄要求：16-80周岁。

● 特殊资质：若出售食品、书籍、电话卡、票务演出、医疗器械类商品，则需要相应的资质认证。

我们可以逐条进行核对，判断自己是否符合微店的开店要求。如果你符合以上要求，就可以下载并安装微店店长版App（如图6-19）。

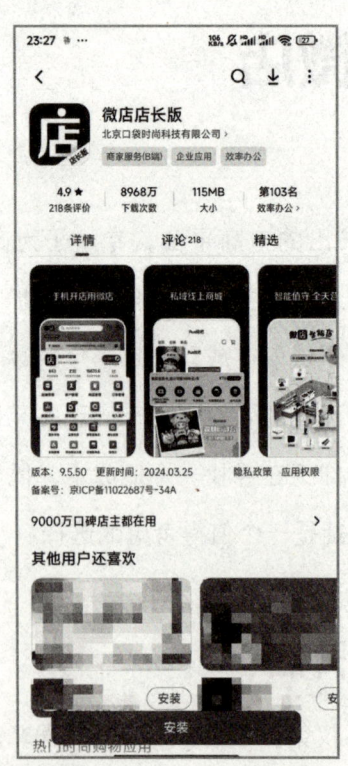

图6-20

如何运营微店店铺

首先，要明确目标顾客群体。一般来说，市场定位越具体，目标用户越精准，产品销售就越容易。确定细分市场后，可以根据市场需求引入商品，并通过上架、推广和销售这些商品来赚取微店的第一笔利润。

其次，要注重店铺的美观度。微店为店主提供了店铺装修功能，其中基础装修是免费提供的。在装修过程中，可以轻松选择店铺样式，并使用插件来丰富店面。此外，商品详情的展示同样重要，商品详情描述就像橱窗展示柜一样，决定着能否吸引客户浏览。如果不能吸引客户，即使商品质量再好也难以售出。因此，建议拍摄商品照片并附上卖点描述，使商品更具吸引力。

最后，要充分考虑微店的店铺推广。我们可以利用微信群、微信朋友圈来分享微店链接和产品链接，吸引潜在客户。